Franz Bätz • Berg der Götter – Religionen am Kailash

Titelfoto: Blick vom Dach der Tschukku-Gompa auf den Kailash. In Tschukku-Gompa an der Westseite wurde nach der Kulturrevolution alles zusammengetragen, was von den Schätzen der sechs Klöster um den Kailash übriggeblieben ist. Das kleine Kloster wurde als erstes wieder aufgebaut.
Umschlag-Rückseite: Pilger auf der Parikrama. (Beide Fotos stammen aus dem Buch von Hans Först, *Verbotene Königreiche im Himalaya; Guge – Spiti – Mustang.* Weishaupt-Verlag.)

ISBN 3-7059-0038-2
1. Auflage 1996

Druck: Theiss, A-9400 Wolfsberg.
Printed in Austria.

Franz Bätz

Berg der Götter

Religionen am Kailash

Hinduismus, Jainismus, Buddhismus und Bön-Religion

Weishaupt-Verlag

Inhalt

Dank

all denen, die durch ihre Anregung und freundliche Unterstützung dieses Buch mit ermöglicht haben.

Ganz besonders danke ich Frau Dr. Cornelia Weishaar-Günter für die kostbare Zeit, die sie aufbrachte, um einige wichtige tibetische Quellentexte mit mir zu übersetzen und eine Korrektur der Erstschrift des Manuskripts zu lesen. Ich danke ihr für die schönen Gespräche, für ihre Gastfreundschaft und dafür, daß sie mich über so manchen Irrtum aufklärte. Sehr zum Dank verpflichtet bin ich Dr. Panglung Rinpoche für seine Unterweisungen in religiösen tibetischen Texten und verschiedenen Zusammenhängen der tibetischen Mystik und Religionsgeschichte. Einen herzlichen Dank auch an Herrn Alfred Woll vom buddhistischen Zentrum Chödzong in Langenfeld. Ich war sehr erfreut über die beiden interessanten Bilder, die er mir zuschickte. Meinen Freund Dieter Göhring aus Rauenstein danke ich für die Lichtbildervorträge und die Dias, die er mir zur Verfügung stellte. Weiterhin danke ich meinen Freund Burkhard Steiner aus Sonneberg, der ein Manuskript von mir gelesen und mir dazu wichtige Kritiken aus der Sicht des Lesers gegeben hat. Ferner fertigte er für mich Fotografien von Statuen und historischen Texten an. Meinen Freund Diethard Meusel danke ich für die interessanten Gespräche, die oft Klarheit in meine Gedanken gebracht haben. In diesem Sinn danke ich auch Herrn Architekt Hans Fuchs aus Rauenstein. Herrn Wolfgang Link aus Witten danke ich für den hoch interessanten tibetischen Text und die Bilder, die er mir zukommen ließ. Mein Dank gilt auch den vielen liebenswürdigen Menschen in Asien, die mir bei Recherchen behilflich waren. Besonders danke ich Herrn B. K. Barnesee aus Varanasi für seine Führungen durch Hindu- und Jaina-Tempel und die Erklärungen, die er mir dazu gegeben hat. Ich danke jenen freundlichen Mönchen aus dem Bön-Kloster Thri Ten Norbu Tse in Nepal, Herrn Wangchuk aus Lhasa und Herrn Urgeh Chonjor aus Saboo in Ladakh. Herzlichen Dank auch an Stefan Butscher und seiner Frau Miriam, die noch immer in Patan bei Kathmandu leben.

Rauenstein, im Mai 1996

Auftakt

Die Kailash-Manasarovar-Region innerhalb der mystischen Kosmografie

Wie in der Antike war das Weltbild im Alten Indien geozentrisch. Die Erde dachte man sich als kreisförmige Scheibe, die von Ringozeanen und Ringkontinenten umgeben ist. Das Zentrum der Erdscheibe bildet Meru, der König der Berge. Über dem Meru, durch den auch die Achse des Kosmos verläuft, weiten sich die Himmelssphären; unter dem Berg liegen die Höllenbereiche.

Schon in der vedischen Zeit des Alten Indien (um 1000 v. Chr.) kam dieses Weltbild zur schematischen Darstellung in Form von Mandalas. Das waren Kosmogramme, derer sich vor allem die Opferpriester – die Brahmanen – bedienten. Mit einem Stock zeichneten sie einen Kreis auf den Boden, um so eine für die Opferzeremonie geheiligte Oberfläche zu markieren. Danach postierten sie in die Mitte des Kreises als Repräsentant des Weltberges Meru ein Gefäß, das mit verschiedenen Substanzen gefüllt war. Anschließend wurde der markierte heilige Bezirk rituell gereinigt und für die Opferhandlung hergerichtet.

Die Idee des Mandala ist auch in die buddhistische Mystik eingegangen, jedoch erfuhr sie hierbei eine entscheidende Wandlung.

Die Kunst des frühen Buddhismus kannte noch keine bildliche Darstellung Buddhas. Es gab aber eine Anzahl von Symbolen, die wichtige Stationen im Leben des Erleuchteten bildhaft darstellen sollten. Da war beispielsweise der Stupa, ein Monument, bestehend aus Sockel, Kuppel und abgestufter Spitze, das ursprünglich als Reliquiar zur Aufbewahrung der sterblichen Überreste des Erleuchteten diente, mit der Zeit aber als Symbol von Buddhas Nirvana ins Zentrum der Verehrung rückte. Innerhalb der ersten buddhistischen Gemeinden und Orden, die zu dieser Zeit entstanden, gab es niemanden, der imstande war, sich vorzustellen, je eine geistige Vollendung zu erlangen, wie sie der Buddha verwirklicht hatte; als höchstes Ideal galt der Arhat, ein Heiliger, der durch Geistestraining und Entsagung bemüht ist, sich aus dem leidvollen Dasein zu befreien. Als der Mahayana-Buddhismus aufkam (etwa ab dem 1. Jahrhundert v. Chr.), rückte anstelle des Arhat-Ideals allmählich das Ideal eines Bodhisattva, der nicht mehr nur um die eigene Erlösung ringt, sondern sich die Verwirklichung der Buddha-Natur zum Ziel setzt, um mit Hilfe des ungeheuren geistigen Potentials, das dadurch aktiviert wird, alle Lebewesen zu befreien. Im Laufe der Jahrhunderte verfeinerte sich auch die buddhistische Symbolik. In der Gandhara-Zeit (um 100 n. Chr.) tauchten die ersten bildlichen Darstellungen Buddhas auf. Um den Stupa wurde ein Umwandlungsweg mit Steinzaun und vier in den Himmelsrichtungen ausgerichteten Toren angelegt. Diese Tore sollten jene Stufen der geistigen Entwicklung symbolisieren, die ein jeder zu durchschreiten hat, der sich – dem Bodhisattva-Ideal folgend – in die Fußstapfen Buddhas auf den Weg zur Erleuchtung begibt. Das in Richtung des Sonnenaufgangs zeigende Tor symbolisierte das geistige Erwachen. Das Tor im Süden stand für den Entschluß, sich mit der eigenen geistigen Vollendung nicht zufrieden zu geben, sondern sich der Welt mitzuteilen. Das Westtor war der Meditation vorbehalten. Und das Tor im Norden stand für die von Karma freie Handlungsweise eines Erleuchteten. Der Stupa im Zentrum aber versinnbildlichte die vollkommene, universelle Buddha-Natur. Damit deutete sich bereits die veränderte Idee und die spezielle Gestaltung des Mandala innerhalb des Mahayana-Buddhismus an: der Weltberg im Zentrum des Alls, umgeben von vier Kontinenten in den Himmelsrichtungen. Jedoch nicht mehr nur als Kosmogramm sollte dieses Mandala dienen, sondern vielmehr als Psycho-Kosmogramm, um den Meditierenden, der sich die Verwirklichung der Buddha-Natur zum Ziel gesetzt hat, ein wirksames äußeres Hilfsmittel für seine meditative Praxis zu geben. Das neue Weltbild inspirierte auch Künstler zur bildlichen Darstellung und Architekten bei der Gestaltung der Tempel. Es entstand eine reiche und prachtvolle Kunst, die dem Mahayana seine unverwechselbare Identität verlieh.

Das Weltbild des indischen Mahayana-Buddhismus

Wie wurde nun im Detail das mystische Abbild der Welt nach der Tradition des Mahayana beschrieben?

In heiligen Texten heißt es, daß sich auf das Windelement das Wasserelement stützt, und darauf wiederum stützt sich die Erde, die ihrerseits eine Stütze für die Lebewesen bildet.

Über die Stabilität dieses Weltgebäudes wird gesagt, daß aus den zehn Richtungen (d. h. den Kardinal- und Zwischenrichtungen sowie Zenit und Nadir) des unbegrenzten leeren Himmels sich konstant Winde bewegen und im Mittelpunkt des Weltalls ein besonders stabiles Windkreuz à la Stütze bilden, worauf ein hell-blaues Wind-Mandala ruht. Die Höhe dieses Windgefüges beträgt 1,600.000 Yojana*; über die Breite werden keine Angaben gemacht. In den festen Winden hinein stützt sich nun das Wasserelement, und durch die Statik erreicht die Wasserfläche des Weltozeans eine Höhe von 123.450 Yojana.

Nach einer anderen Darstellung bilden sich im Himmel vier große Wind-Mandalas; sie *„haben die Essenz des Festen, des Verweilens und des Nicht-Zugrundegehens; sie halten das Wasseraggregat und tun dies beständig; die Erde ruht darauf und vergeht nicht.“* [1]

In der Mitte der Wasserfläche erhebt sich der Weltberg Meru. Er ist stufenförmig gestaltet und mißt genau 160.000 Yojana; davon ragen 80.000 Yojana aus dem Ozean hervor, und ebensoviele sinken – gewissermaßen als das Fundament – ins Meer hinab. Im Osten besteht Meru aus Silber, im Süden aus Beryll, im Westen aus Rubin und im Norden aus Gold.

Umgeben wird der Weltberg von sieben goldenen Ringgebirgen und dazwischenliegenden Ringmeeren. Das Gewässer innerhalb des innersten Gebirgsrings beherbergt die Schlangengeister (Naga). Auf der ersten Stufe des Berges leben die Dämonen (Rakshasa), auf der zweiten die kriegerischen Halbgötter (Asura) und auf der dritten wieder Dämonen, die verborgene Schätze hüten (Yaksha). Über diesen Stufen erstreckt sich bis zum Berggipfel die erste Götterregion (Devaloka).

Um den Berg Meru herum sind genau in den Kardinalrichtungen vier Kontinente mit je zwei Nebenkontinenten gruppiert. Im Osten liegt Purvavideha in Form eines Halbkreises; im Süden Jambudvipa in Tra-

* alt-indisches Längenmaß; 1 Yojana = 2 geografische Meilen

pezform; im Westen der kreisförmige Aparagodanya; und im Norden der viereckige Uttaraketu. Die Nebenkontinente besitzen jeweils die Form des Hauptkontinents, dem sie zugeordnet sind.

In einer Höhe von 40.000 Yojana über Vinataka, dem zweiten Ringgebirge um den Meru, ist ein strahlendes Wind-Mandala angebracht. Darin sind Sonne, Mond und die Gestirne befestigt. Diese ziehen in einer Kreisbahn um den Meru, wodurch der Wechsel von Tag und Nacht zustandekommt. (D. h. wenn die Sonne über dem Nordkontinent steht, wirft der Berg seinen Schatten auf den Südkontinent, und es ist dann dort Nacht.)

Über dem Gipfel des Meru schwebt die zweite Götterregion, Rupadhatu, der *„Bereich der Reinen Form".* Dieser unterteilt sich in zwei Ebenen: Brahmaloka mit dreizehn Einzelsphären und darüber Shuddha-Vasakayika mit vier Einzelsphären. Die letzte davon ist Akanishta (tibetisch: Og-min), in welcher sich die Buddhas und Meditationsgottheiten (Yi-dams) spiegeln. Rupadhatu folgt die in vier Sphären aufgeteilte dritte Götterregion Arupadhatu: der *„Bereich des Formlosen".*

In diesem Weltgebäude, das hier in groben Strichen skizziert ist, vollzieht sich der Wandel von Geburt und Tod – und zwar in den sechs Daseinsebenen, wie sie im buddhistischen *„Rad der Existenzen"* (Bhavacakra) zur bildlichen Darstellung kommen. (Davon wird im Abschnitt über den Buddhismus noch ausführlich die Rede sein.) Nach der Region Arupadhatu weitet sich das Nirvana, das nicht dem Geburtenkreislauf unterliegt und nicht mehr beschrieben werden kann.

Das Mandala-Opfer

Bereits in den ältesten bekannten Texten des Mahayana-Buddhismus werden andere Realitätsebenen beschrieben, die durch die Anwesenheit eines Erleuchteten zu reinen Buddha-Ländern geworden sind; in diesen Sphären gibt es keine Leiden und geistigen Verwirrungen. Wenn sich ein Buddha aus Mitgefühl entschließt, in der profanen Welt zu erscheinen und seine Lehre zu verkünden, so kann seine Umwelt auf den subtileren Geistesebenen auch zu einem reinen Buddha-Land werden. Aus diesen Vorstellungen heraus und beeinflußt durch das neue Weltbild des Mahayana-Buddhismus entstand eine mit dem Mandala verbundene Opferpraxis, die keine Ähnlichkeit mehr hatte mit den Opferritualen aus der vedischen Tradition des Alten Indien: d. h. der buddhistische Zelebrant opferte im Rahmen einer rituellen

Handlung die Welt in gereinigter und wohl geordneter Form (quasi als Buddha-Sphäre, der er sich selbst zugehörig sieht) symbolisch den Buddhas der anderen Realitätsebenen – mit der Absicht, eine reinigende Wirkung auf seinen Geist zu erzeugen. Diese Opferzeremonie konnte mit Hilfe bestimmter Opfergeräte oder durch eine Handgeste (Mudra) erfolgen. Dazu wurden heilige Verse rezitiert. Ein sehr populärer und oft rezitierter tibetischer Vierzeiler für das Mandala-Opfer ist:

sa gzhi spos chus byugs shing me tog bkram
ri rab gling bzhi nyi zlas brgyan pa hdi
sangs rgyas zhing du dmigs te phul ba yis
hgro kun rnam dag zhing la spyod par shog

Den Boden mit Weihwasser besprenkelt und mit Blumen bedeckt,
Den Berg Meru und die vier Kontinente, geschmückt mit Sonne und Mond,
Dies stelle ich mir als reine Buddha-Sphäre vor und bringe es dar.
Mögen dadurch alle Wesen in den Genuß solch reiner Bereiche gelangen.

Im Zentrum des Kontinents Jambudvipa

Die heiligen Texte des Mahayana-Buddhismus sagen über die Kontinente und Nebenkontinente im Osten, Westen und Norden nur wenig aus; Jambudvipa im Süden, den man den besten Kontinent von allen nennt, wird dagegen sehr ausführlich beschrieben.

Wie schon erwähnt, hat dieser Kontinent die Form eines Trapezes. Seine beiden Längsseiten messen 2000 Yojana. Die auf den Horizont im Süden zeigende schmale Seite ist nur 3,5 Yojana breit. (Hier wird deutlich, daß die Form Jambudvipas von der Gestalt des Indischen Subkontinents hergeleitet ist.) Als heiliges Zentrum von Jambudvipa betrachtet man die Gegend um den Berg Kailash und den See Manasarovar in West-Tibet. In einem tibetischen Text heißt es dazu: *„Gemeinsam mit der äußeren Welt ist auf der hohen Erde von Jambudvipa der strahlende Türkis-See Manasarovar und der große Schneeberg Kailash entstanden, der sowohl der Gipfel von Jambudvipa und der Scheitelschmuck Tibets als auch das Göttergesicht von dieser und den künftigen Existenzen ist. Das sollte man wissen."* [2]

Jahr für Jahr nehmen zwischen Mai und Oktober Scharen von frommen Pilgern die Mühen und Entbehrungen einer Reise in den Westen Tibets auf sich, um einmal im Spannungsfeld jener kosmisch-spirituellen Kräfte zu verweilen, die Kailash und Manasarovar konzentrieren. Niemand kann sagen, wie lange schon dieser Berg und der See eine solch magische Anziehung auf die Religionen Indiens und Tibets ausüben. Gewiß aber müßte diese Zeit mit Jahrtausenden aufgerechnet werden.

Die Hindus verehren den Kailash als den Wohnsitz Shivas und seiner Gemahlin Parvati. Und in der Tat ähnelt die beinahe regelmäßige Form dieses Berges einem indischen Tempel im Shikhara-Stil. Und so wie viele Tempel Indiens ihre heiligen Teiche haben, liegen im Süden des Berges der Manasarovar und nebenan der See Rakastal. Ein an der Nordostseite des Kailash in die Höhe ragender Fels gleicht dem Nandi, jenem Stier, der sich stets bei dem göttlichen Paar Shiva und Parvati aufhält.

Die Anhänger des Jainismus, die Jainas, sehen im Kailash jenen Ort, wo der erste Verkünder ihrer Lehre, Rishabha, die geistige Vollendung erlangt hat. Von Rishabhas Vater Nabhi wird gesagt, er sei der letzte aus einer Reihe von Patriarchen gewesen, die auf Grund einer allgemeinen Verschlechterung der Sitten in Indien auftraten. Diese Patriarchen gaben den Menschen Unterweisungen und Vorschriften für ihr Handeln. Nabhi war es auch, der das Königtum einführte, und sein Sohn Rishabha wurde damit der erste Herrscher über Indien in diesem Weltalter. Rishabha legte während seiner Regierungszeit die Grundlagen aller späteren Gesittung. Doch eines Tages erkannte er die Vergänglichkeit alles Irdischen und beschloß, der Welt zu entsagen. Es heißt, er sei mit 10.000 Mönchen zum Kailash (der bei den Jainas *„Ashtapada"* heißt) gezogen, und nach sechseinhalb Tagen Meditation habe er die Allwissenheit erlangt. Sein Sohn Bharata übernahm an seiner Stelle die Herrschaft in Indien. Noch heute nennen die Inder ihr Land nach jenem legendären König Bharata.

Für die Buddhisten stellen der Kailash und seine Umgebung ein großes, natürliches Mandala dar. Wer den Ritus der Bergumwandlung im reinsten Bewußtsein praktiziert, vollzieht eine innere Reinigung, die ihn der Erleuchtung ein Stück näher bringt.

Heilige Texte der Bön, jener vorbuddhistischen Religion Tibets, beschreiben das mystische Land Olmolungring, in dessen Mitte sich der Berg Yungdrung Gu Tseg erhebt. Olmolungring, heißt es, stelle eine reine Sphäre dar, in der die Bön-Lehren aufbewahrt werden. Das irdische Gegenstück zum Berg Yungdrung Gu Tseg ist der Kailash. Aller Wahrscheinlichkeit nach stieg hier auch Shenrab, der Stifter der Bön für dieses Weltalter, vom Himmel zur Erde herab. In früheren Zeiten bildete der Kailash das religiöse Zentrum des Reichs Zhang Zhung, in dem sich die Bön von einer magischen Glaubensform zur Hochreligion entwickelte. Tibetische Quellen sprechen von 18 Königen, die in diesem Reich regierten, bevor es im 7. Jahrhundert von Tibet annektiert worden ist.

Obwohl seit eh und je vier große Religionen gleichzeitig dem Berg Kailash huldigen, hat es hier nie Unruhen zwischen religiösen Fanatikern oder Fundamentalisten gegeben. Nur einmal – so berichten tibetische Annalen – fand ein Wettstreit wegen des Berges statt. Und zwar eiferten der buddhistische Heilige und Dichter Milarepa und ein Priester der Bön (ein Bönpo) namens Naro Bön-chung um den Besitz des Kailash miteinander, indem sie sich gegenseitig die verschiedensten Wundertaten vorführten. Einer versuchte den anderen durch seine Hexenkünste zu überbieten und so den Disput für sich zu entscheiden. Schließlich kam man aber zu dem Schluß, daß die ganze Zauberei zu keinem Ergebnis führe, und man beschloß, ein Wettrennen zu veranstalten. Wer, kam man mit einander überein, am nächsten Morgen als erster den Gipfel des Kailash erreiche, dessen Religion solle künftig der Berg als heilige Wallfahrtsstätte gehören. Als Milarepa noch schlief, setzte sich Naro Bön-chung auf seine Ritualtrommel und flog in Richtung des Gipfels los. Da ging die Sonne auf. Milarepa erhob sich, breitete sein Baumwollgewand als Flügel aus, wurde durch Konzentration eins mit den ersten Sonnenstrahlen und stand im Nu auf dem Gipfel des Kailash. Vor Schreck stürzte Naro Bön-chung, als er das sah, von der Trommel, die in großen Sprüngen an den Berghängen hinabpolterte. Noch heute sind an der Südseite des Kailash die Spuren der Aufschläge jener Ritualtrommel zu sehen. Aus Mitgefühl und ehrlicher Toleranz wies Milarepa aber den Bönpos einen eigenen Berg zu (den Bön-ri, 5995 Meter) und erlaubte es ihnen auch weiterhin, den Kailash rituell zu umwandeln.

Milarepa.

Milarepa war der Erste und ist der Einzige geblieben, der den Gipfel des Kailash je betreten hat.

Die Kailash-Manasarovar-Region als Mandala

Wie schon gesagt, sehen die Buddhisten in dem heiligen Berg Kailash und seiner Umgebung ein gewaltiges Mandala, das natürlich entstanden ist. So wie sich um den Weltberg Meru vier Kontinente gruppieren, stellen sich Buddhisten um den Kailash vier reine Sphären vor, von denen jede den Bereich eines Meditations-Buddha vertritt: Die Landschaft im Osten des Berges wird mit Buddha Akshobhya in Verbindung gebracht, im Süden mit Ratnasambhava, im Westen mit Amitabha und im Norden mit Amoghasiddhi. Und der Kailash bildet das Zentrum des großen Mandala.

Im Gegensatz zur vedischen Tradition war aber im Buddhismus ein Mandala nicht nur Kosmogramm schlechthin; denn es sollte dem praktizierenden Buddhist auch das geheimnisvolle Spiel jener Kräfte offenlegen, die sowohl das Universum bewegen als auch im psychophysischen Organismus des Menschen agieren. Nach buddhistischer Vorstellung spiegelt nämlich jedes Individuum die hierarchische Struktur des Alls wieder: Die kosmische Achse, die durch den Meru verläuft, ist in der irdischen Welt durch den Kailash vertreten und entspricht im Körper des Menschen dem Zentralkanal (Dhuti), der vom Unterleib zum Hirn aufsteigt und anatomisch etwa mit dem Rückenmark gleichkommt. Govinda bringt diese latente Beziehung sehr schön zum Ausdruck, indem er den Kailash als *„eine Superantenne für den Ein- und Ausfluß geistiger Energien“* bezeichnet, als *„Achse, die unsere irdische Welt mit dem Universum verbindet“.*[3] Die Sphären der Meditations-Buddhas um den Kailash entsprechen je einem psychischen Zentrum (einem sogenannten *„Cakra“)* im menschlichen Körper. Und die solaren und lunaren Kräfte, die mit der Sonnen- und Mondbahn durchs Universum fließen, haben im Organismus ihre Entsprechungen in den Kanälen Pingala und Ida. Es sind vitale Kraftströme, die sich gegenseitig bedingen und ergänzen wie zwei Pole, anatomisch jedoch nicht genau zu orten sind. In tibetischen Meditationstexten werden Pingala und Ida als rechter und linker Kanal bezeichnet (Tsa-yä-yön). Dies entspricht den Darstellungen aus der alt-indischen Tradition des Yoga, nach welcher Pingala durch die rechte Körperhälfte und Ida durch die linke fließt.

In der Region um den Kailash sind die Repräsentanten dieser beiden Kräfte die Seen Manasarovar (solar) und Rakastal (lunar). Es ist sehr merkwürdig, wie hier buddhistische Mystik und natürliche Phänomene miteinander verquickt sind. Weil der Manasarovar das Solare vertritt, ist seine Form fast rund wie die Sonnenscheibe. Das Wetter am See ist meist klar, und die Stimmung der Landschaft ist heiter.

Die Reinheit des Sees muß Buddhisten schon sehr früh fasziniert haben. Es wird berichtet, daß Maya eines Nachts im Traum von göttlichen Wesen zum Manasarovar getragen und in dem Wasser alle weltliche Unreinheit von ihr abgewaschen wurde, damit sie bereit war für die Empfängnis des künftigen Buddha. Sodann kam aus dem Himmel ein weißer Elefant herab und ging in ihren Leib ein.

In der Mitte des Sees wächst der heilige Lebensbaum, durch den das Wasser zum lebensspendenden Elixier wird. An der linken kurzen Querwand der Eingangshalle des See-Klosters Thrugo Gompa (das leider mit allen anderen Klöstern der Umgebung während der Kulturrevolution total zeratört wurde) war eine Inschrift angebracht, die ein tibetisch sprechender Assistent von Sven Hedin übersetzt hat. Darin ist über diesen Lebensbaum u. a. zu erfahren: *„Der Tso-mavang* ist die heiligste Stelle der Welt. In seiner Mitte wohnt ein Gott in Menschengestalt, der in einem Zelt haust, das aus Türkisen und Edelsteinen aller Art besteht. In seiner Mitte wächst ein Baum mit tausend Zweigen, und jeder Zweig hat tausend Zellen, in denen tausend Lamas leben. Der Seebaum hat eine doppelte Krone; die eine erhebt sich wie ein Sonnenschirm und beschattet den Kang Rinpoche,** die andere beschattet die ganze Welt. Jeder der 1022 Zweige trägt ein Götterbild, und alle diese Götterbilder wenden ihr Gesicht nach Gösul-Gompa, und alle Götter versammelten sich hier in früheren Zeiten. Einst wurde Goldwasser aus dem See geholt, und damit wurde in Ji'u Gompa das Gesicht Hlobun Rinpoches vergoldet; mit dem übrigen Wasser vergoldete man die Tempeldächer Tashi Lumpos.*** (...) Wenn jemand aus der Mitte des Sees Ton herausholt, so ist der Ton in Wirklichkeit Gold."* [4]

Der Sand am Westufer ist tatsächlich goldhaltig. Einmal fand man dort einen Goldklumpen von der Form und Größe eines Hundes, den man nach Lhasa an den Dalai Lama schickte. Als dieser aber erfuhr, daß das Gold aus solch heiliger Erde stamme, ließ er es aus Ehrfurcht wieder zurückbringen und dort vergraben, wo es gefunden worden war.

Die Mönche von Thrugo Gompa erzählten Sven Hedin auch eine interessante Geschichte über den fünften Panchen Lama (Lobzang Yeshe, 1663 bis 1737), der eine Wallfahrt zum Manasarovar *„gemacht*

---

* einer der tibetischen Namen für den Manasarovar

** den Kailash

*** Sitz des Panchen Lama in Süd-Tibet

habe und bei Thrugo Gompa nach dem Ufer hinuntergegangen sei, um dem Seegott ein Khadag anzubieten. Das Khadag sei in der Luft hängen geblieben, d. h. es habe in Wirklichkeit in einem der Zweige des heiligen Seebaums gehangen, da aber der Baum nur Rinpoches und wirklichen Inkarnationen sichtbar sei, habe es für gewöhnliche Sterbliche so ausgesehen, als hänge das Khadag frei in der Luft." [5]

Der Manasarovar ist mit rund 4600 Metern der höchstgelegene Süßwassersee der Erde. Erstaunlicherweise leben in ihm – trotz dieser Höhe – noch einige Fischarten.

Ganz anders als am Manasarovar ist die Stimmung am See Rakastal. Da er das Lunare – und damit auch die Mächte der Nacht – vertritt, hat er annähernd die Form einer Mondsichel, der Himmel über ihm ist oft bedeckt und das Wetter trübe und stürmisch, der See ist dann aufgewühlt – während der Manasarovar, den nur eine Landenge vom Rakastal trennt, zur gleichen Zeit ruhig und friedlich daliegt.

Govinda schreibt über den Rakastal: *„Eine seltsame, unheimliche Atmosphäre scheint über den glatten, blauen Fluten des langgestreckten, aber verhältnismäßig schmalen Sees zu lasten, eine Atmosphäre äußerster Einsamkeit und Melancholie, wie man sie nie an den Ufern des Manasarovar empfindet.*

Es ist schwer, hierfür eine Erklärung zu finden, denn die den Rakastal umgebende Landschaft ist von nicht geringer Schönheit: die sanften rotbraunen Hügel auf beiden Seiten und das mächtige schneebedeckte Massiv der Gurla-Mandhata geben dem tiefblauen See einen eindrucksvollen und farbenfreudigen Rahmen. Und dennoch lastet ein Gefühl der Schwermut auf dieser Schönheit, und es ist gerade die Unerklärlichkeit dieses Phänomens, das es so unheimlich macht. Andere haben das gleiche empfunden, und dieses Gefühl war so stark, daß niemand es wagte, Klöster oder Einsiedeleien an den Ufern des Sees zu bauen, wie dies am Manasarovar der Fall ist. Es gibt Mysterien, zu deren Enthüllung der Mensch berufen ist, und andere, deren Geheimnis respektiert werden muß. Rakastal gehört zu den letzteren." [6]

Die Pilger meiden den Rakastal, während die Umwandlung des Manasarovar in die Kailash-Wallfahrt mit einbezogen wird.

Vom Westufer des Manasarovar führt zum Rakastal ein Kanal, den man Ganga Chu nennt. Es kann geschehen, daß dieser über Jahre hinweg austrocknet. Beginnt dann wieder Wasser nach dem Rakastal zu fließen, so sehen die Tibeter darin ein gutes Omen für ihr Land. Seit 1986 fließt wieder kräftig Wasser in dem Kanal – mögen die Tibeter mit ihrem Glauben recht haben! Über Ganga Chu ist ein kleines Kloster errichtet, Ji'u Gompa genannt, das in den achtziger Jahren rekonstruiert wurde. Hier verbrachte der tantrische Guru Padmasambhava die letzten sieben Tage seines irdischen Daseins.

In der Kailash-Manasarovar-Region haben vier große Ströme Asiens ihre Quellen. Im Osten des heiligen Berges entspringt der Yarlung-Tsangpo, der parallel zum Himalaya durch Süd-Tibet fließt und in Assam seinen Namen in *„Brahmaputra"* ändert. Es wird gesagt, sein Wasser komme aus einem Pferdemaul. Südlich der Seen Manasarovar und Rakastal hat einer der größten Zuflüsse des Ganges, der Karnali, seine Quelle; diese soll den Schnabel eines Pfau darstellen. Der unterirdische Überlauf des Rakastal bildet die Satlej-Quelle; der Tradition nach kommt das Wasser dieses Stroms aber aus einem Elefantenmaul. Nördlich des Kailash tritt das Wasser des Indus zutage – wie es heißt, aus dem Rachen eines Löwen; deshalb nennen die Tibeter diesen Strom auch *„Löwenfluß"* (Seng-ge Chu). Alte tibetische Texte nennen anstelle des Indus einen Strom namens Sita, der nördlich des Kailash einem Löwenrachen entspringen und in die Richtung der Mongolei fließen soll. Vermutlich verwechselte man die Sita mit dem Tarim, der aber seine Quelle nicht am Kailash hat. Die Sita erwähnen auch Reiseführer zum geheimnisvollen Königreich Shambhala, das im Norden des Kontinents Jambudvipa beschrieben wird.

Diese Tiersymbole zeigen, daß man vier Ströme in jenes große Mandala, als das man die Kailash-Manasarovar-Region betrachtet, mit einbezieht. Denn der Elefant ist das Reittier des Meditations-Buddha Akshobhya, dem Ratnasambhava dient das Pferd als Reittier, einen Pfau hat Amitabha als Vehikel, und dem Vairocana ist ein Löwe zugeteilt.

Es wird auch gesagt, daß es in diesen Strömen Gold-, Silber, Beryll- und Diamantstaub (die Materialien, aus denen der Weltberg Meru besteht) geben soll. Aber das könne von Wesen, die durch Karma und Bewußtseinsschleier verunreinigt sind, nicht wahrgenommen werden.

Über die Gottheiten des Kailash

Ein Mandala nach buddhistischer Tradition präsentiert häufig die Umgebung von einer Meditationsgottheit (*„Yi-dam"* genannt), die einen Aspekt der Buddha-Natur darstellt. In dem großen natürlichen Mandala Kailash-Manasarovar ist dieser Yi-dam der Cakrasamvara. Er bewohnt den Kailash, das heilige Zentrum des Mandalas.

Zwischen Shiva, der hinduistischen Gottheit des Kailash, und Cakrasamvara und noch vielen anderen Yi-dams gibt es eine eigenartige latente Beziehung. In einem Text des Acarya Padma[7] wird dazu von einer geheimnisvollen Begebenheit aus mythischer Zeit zu Beginn dieses Weltalters berichtet. Damals herrschte Bhairava, eine zornvolle Emanation des Shiva, in der Landschaft Magadha von Jambudvipa (mit dem heutigen Bihar in Nord-Indien identisch). Zu dieser Zeit wurden 24 andere Gegenden, die über Jambudvipa verstreut liegen, von den verschiedensten Genien (Göttern wie Dämonen) besiedelt. Darunter befand sich auch das Kailash-Gebiet. Bhairava war so mächtig, daß er seine Herrschaft ausdehnte auf jene 24 Gegenden und auch über die acht großen Leichenplätze Jambudvipas, an denen unansehnliche Dämonengestalten hausten. Da sich aber Bhairava nicht an allen Orten gleichzeitig aufhalten konnte, emanierte er für jeder der 24 Gegenden und auch für die acht Leichenplätze steinerne Lingas. (Das sind Säulen, die ein markantes Attribut Shivas, den Phallus, symbolisieren.) Um sich mit Bhairava, dem Herrscher, gutzustellen, blieb den Genien und den anderen Wesen nichts anderes übrig, als den Lingas blutige Opfer darzubringen. Dadurch wurden die 24 Gegenden zu ganz gräßlichen Orten, und die Geistesgifte Gier, Haß und Verblendung und falscher Stolz breiteten sich aus. Da erkannte der Ur-Buddha Vajradhara in der Himmelssphäre Akanishta, daß es an der Zeit ist, in Jambudvipa einzugreifen. Er emanierte den Yi-dam Cakrasamvara, der mit seiner Partnerin in einem mystischen Tanz die 24 Stätten reinigte und die an sich schaurigen Gegenstände des Opferkultes (Knochen, abgeschlagene Menschenköpfe etc.) segnete. Und in geheimer Weise gingen in jeden Linga die Erkenntniswesen des Mandala von Cakrasamvara ein. Seitdem gibt es ein interessantes Phänomen: Wenn nämlich Buddhisten den Kult für Cakrasamvara durchführen, so verehren sie aus hinduistischer Sicht eigentlich den Shiva; und wenn Hin-

Abbildung eines Yi-dam.

dus den Linga-Kult ausüben, so huldigen sie aus buddhistischer Sicht dem Cakrasamvara.

Das ist nicht nur eine Märe aus alten Tagen. In Indien beispielsweise gab es den Fall, daß Buddhisten lange den Cakrasamvara-Kult unter den Augen von Hindus zelebrierten, ohne daß diese die Zelebranten als Buddhisten erkannten; sie hielten sie stattdessen ihrer eigenen Lehre zugehörig. In Nepal gehen Buddhisten ohne Bedenken in Hindu-Tempel, und umgekehrt besuchen Hindus buddhistische Einrichtungen. Ich erinnere mich an ein Erlebnis im buddhistischen Kloster Spituk in Ladakh. Dort gibt es einen kleinen roten Tempel der Schutzgottheiten, der auf einem schroffen Fels thront und Besuchern aus dem Westen stets verschlossen blieb. Am Sonntag kam dann eine Schar indischer Soldaten, die in Ladakh ihren Dienst taten, zum Kloster Spituk. Sie waren Hindus, und ihnen wurde bereitwillig jenes kleine rote Gebäude aufgeschlossen. In dem sich öffnenden düsteren und unheimlichen Tempelräumchen war eine Reihe von Gottheiten aufgestellt, unter denen sich ein paar Yi-dams befanden, die gleichzeitig Emanationen und Manifestationen Shivas darstellten. Unter anderem war da ein sechsarmiger Mahakala, eine dunkle, zornige Erscheinung des Shiva. Die Soldaten brachten diesen Gottheiten Opfergaben dar und huldigten ihnen mit Gebeten.

Cakrasamvara, die buddhistische Gottheit des Kailash.

Die versteckte Beziehung zwischen Shiva und vielen von den Yidams mag mit ein Grund dafür sein, weshalb Buddhisten von den Hindus stets toleriert werden; für sie ist der Buddhismus nur eine spezifische Abart ihrer eigenen Doktrinen.

Am Kailash sind die Unterschiede zwischen den Religionen ohnehin zweitrangig. Jeder Pilger, der den heiligen Berg erreicht, gehört automatisch zu jener Bruderschaft, die das Band des gemeinsamen Erlebens einer Sphäre höherer Wirklichkeit zusammenhält.

Die Religionen am Kailash

Unter den zahlreichen religiösen Vorstellungen, denen man heute im indo-tibetischen Raum begegnet, sind jene vier Religionen, die dem Kailash als den heiligsten aller Berge huldigen, die vier angestammten Lehren. Alle anderen Religionen – Christentum, Islam, die indisch-jüdischen Gemeinden und vor der Jahrtausendwende der Manichäismus und die Parsen – kamen durch Eroberer, Missionare und Flüchtlinge in diese Region. Eine Besonderheit stellt der Sikhismus dar: eine Synthese aus Islam und Hinduismus.

Von diesen vier Religionen am Kailash – die im Folgenden in der chronologischen Reihenfolge ihrer Entstehung besprochen werden – ist die Bön-Religion die jüngste. Ihre Anfänge lassen sich ab dem 2. Jahrhundert v. Chr. erkennen. Die Bön ist die einzige der vier Religionen, die außerhalb Indiens entstand; trotzdem haben bei ihrer Evolution auch indische Einflüsse eine Rolle gespielt.

Unter den 24 Heilskündern (den Tirthamkaras) des Jainismus sind vermutlich nur Parshva und Mahavira historisch. Parshva trat um 850 vor Christi auf; Mahavira war ein Zeitgenosse des Buddha, der von 563 bis 483 v. Chr. lebte. Viel weiter zurück als Jainismus und Buddhismus reichen die Anfänge des heutigen Hinduismus; die Quelle dieses gewaltigen Stroms hinduistischer Tradition sprudelt irgendwo im Indus-Tal in vorgeschichtlicher Zeit.

Hinduismus

„Hindu" und *„Hinduismus"* sind Ausdrücke, die nirgendwo in der klassischen Literatur Indiens auftauchen und auch nicht durch Inder geprägt wurden. Es heißt, das Wort *„Hindu"* ist von Mohammedanern im 11. Jahrhundert eingeführt worden, die im Westen Indiens, in Beluchistan oder Afghanistan, lebten. Einen der großen indischen Ströme, den Indus, der zur damaligen Zeit über eine lange Strecke die Grenze zu den westlichen Nachbargebieten bildete, nennt man in der Landessprache *„Sindhu"*, doch weil die Moslems dieses Wort nicht richtig aussprechen konnten, sagten sie zu dem Fluß *„Hindu"*, und als *„Hindus"* bezeichneten sie die Bewohner des Landes. Urkundlich erscheint der Begriff *„Hindu"* zum ersten Mal in dem berühmten Geschichtswerk des arabischen Reisenden und Gelehrten Alberuni (973 bis 1046).[8] Ab wann die Inder selbst dieses Wort benutzten, ist nicht mehr zu bestimmen.

Da man nun die Menschen im Osten des Sindhu *„Hindus"* nannte, lag es nahe, ihre soziale Ordnung und ihr vielschichtiges Glaubenssystem als *„Hinduismus"* zu bezeichnen. Und im Grunde hat sich daran bis heute nichts geändert; denn *„Hinduismus"* ist noch immer ein Sammelbegriff für verschiedene philosophische Lehren, ethische und soziale Regelungen, Vorschriften ritueller Praktiken, Glaubensvorstellungen, Meditationstechniken etc., die alle auf dem indischen Subkontinent unter arischen und nicht-arischen Einflüssen über einen Zeitraum von mindestens drei Jahrtausenden natürlich gewachsen sind. Die Wurzeln des Shiva-Kults aber – einer ganz wesentlichen Strömung innerhalb des Hinduismus – reichen noch viel weiter zurück.

Erdmutter und Proto-Shiva

Eine halbe Autostunde von Larkana im unteren Indus-Tal entfernt liegt die Totenstadt Mohenjo Daro, wörtlich: *„Hügel der Toten"*. Es sind die Überreste der ältesten uns bekannten Zivilisation der Erde.

Die Landschaft in dieser Gegend ist eben und gleichförmig. Die Straßen verlaufen schnurgerade und sind mit Alleen gesäumt; Reisfelder breiten sich zu beiden Seiten aus. Palmenhaine und kleine Schilftümpel sorgen für ein wenig Abwechslung in der Eintönigkeit der Umgebung. Eine bunte Vogelwelt ist an den Tümpeln beheimatet;

Mohenjo Daro, die Totenstadt am Indus. Blick auf die aus Millionen von Ziegeln konstruierte Erhebung mit der Plattform, wo in der Gandhara-Zeit (um 200 n. Chr.) buddhistische Mönche einen Stupa erbaut haben.

auch viele Fischarten scheint es dort zu geben. Plötzlich tauchen verödete Landstriche auf, weiß gefärbt vom alles zerfressenden Salz, das der heute stetig steigende Grundwasserspiegel in der Nähe des Stroms an die Oberfläche bringt. Die Ortschaften entlang den Straßen unterscheiden sich kaum von jenen in der Gangesebene. Die Wohnhütten sind aus luftgetrockneten, porösen Ziegelsteinen, Brettern, Kistenholz und Wellblechen zusammengezimmert. Vor den Hütten reihen sich Verkaufsstände aneinander. Neben Gemüse und saftigen Früchten glitzert Schmuck, Hausrat und Tongefäße sind auf dem Boden ausgebreitet. Schmiede, Fleischer und Schreiner verrichten ihr Handwerk auf offener Straße. Teeverkäufer, Bettler, Schuhputzer, Zuckerbäcker, Straßenbarbiere gehen ihrem täglichen Broterwerb nach. Autos bahnen sich in Schrittgeschwindigkeit und mit schrillem Hupen den Weg durch das Gewimmel von Menschen. Scooter- und Rikscha-Fahrer kauern Zigaretten rauchend vor ihren Vehikeln und warten auf Kundschaft. Die Abwässer werden einfach auf die Straße gekippt und fließen in stinkenden Laken zwischen den Verkaufsständen zusammen. Es fällt schwer, sich vorzustellen, daß hier, am unteren Indus, vor 5000 Jahren die Menschen eine Kulturstufe erreicht hatten, um die sie die heutige Bevölkerung des Landes beneiden würde.

Das erste, was man von der Totenstadt Mohenjo Daro erblickt, sind zwei aufgeschüttete Hügel aus Abraum, die wie Bauschutthalden wir-

Mohenjo Daro, Blick auf das „Freibad."

ken. Überall liegen zerbrochene Ziegelsteine verstreut. Erst wenn man ein Stück weitergeht, sieht man niedriges Mauerwerk, bröckelig, verfallen, vom Salz zerfressen ... Als man am Nil und am Euphrat und Tigris damit begann, tonnenschwere Steinquader zu bewegen, um göttergleichen Despoten Monumente für die Ewigkeit zu errichten – während man selbst weiterhin in Schilf- und Lehmhütten hauste –, blühte hier eine Stadtkultur, in der der Mensch das Maß aller Dinge war. Innerhalb ihrer Mauern bot diese Stadt vielen tausend Bürgern ausreichend Platz für ein allen Ansprüchen der Zivilisation genügendes Leben. Die Häuser waren mit handlichen Ziegeln gemauert. Jedes Haus war mit Bad und Toilette ausgestattet und direkt an eine vortrefflich ausgebaute Kanalisation angeschlossen. Die Gassen und die zehn Meter breite Hauptstraße trafen rechtwinklig aufeinander. Es gab öffentliche Einrichtungen, wie beispielsweise ein „Freibad", es gab eine Menge Tiefbrunnen, gepflasterte Straßen, gemütliche Wohnhäuser, jedoch gab es keine Monumentalbauten zur Glorifikation irgend eines Herrschers.

Zahlreiche Funde zeugen von einem hoch entwickelten Handel innerhalb der Kultur, die hier vor 5000 Jahren ihren Ausgang nahm. Maß und Gewicht waren überall im Land einheitlich geordnet, und das Dezimalsystem wurde benutzt. Es gab auch einen Kalender. Und man verfügte über eine Schrift. Bis heute ist es jedoch noch nicht gelungen, die Indus-Schrift zu entschlüsseln. Zur Blütezeit der Kultur, die etwa zwischen 2300 und 1800 v. Chr. anzunehmen ist, dehnte sich der Handel über den Seeweg sogar bis in den Vorderen Orient aus.

Es ist viel Fantasie notwendig, um sich die ursprüngliche Gestalt mancher Häuser vorzustellen. Die etwa einen Meter starken Mauern sind solide mit Ziegelsteinen zusammengefügt. Die zehn Meter breite Hauptstraße diente auch als freier Markt. Welch ein Treiben mag einst hier geherrscht haben? Treppen gehen in einem Bereich der Hauptstraße im rechten Winkel zu höher liegenden Gassen ab. Man sieht die Kanalanschlüsse an den Häuserruinen. Manche Mauern sind noch fünf Meter hoch. Alle Häuser besaßen einen Innenhof, von dem aus man in die angrenzenden Räume gelangte. Eine schmale Treppe führte ins Bad, das sich bei allen Häusern im ersten Stockwerk befand.

Das rätselhafteste Bauwerk der Stadt ist eine zehn Meter hohe, aus Millionen von z. T. mehrfach gebrannten Ziegelsteinen konstruierte Plattform. Es drängt sich die Frage auf, weshalb ging man gerade dort so verschwenderisch mit einem solch hochwertigen Baumaterial um? Welche Funktion hatte diese Plattform? Obwohl man hierauf noch keine Antwort weiß, geht man davon aus, daß diese künstliche Erhebung nicht als Zitadelle diente.

Der Hindu-Tempel Pashupati am westlichen Stadtrand von Kathmandu.

Auch über das religiöse Leben der Menschen am Indus vor 5000 Jahren bekommen wir allmählich durch eine Fülle von Funden ein gerundetes Bild. Wie zutage geförderte Terrakottafiguren beweisen, war in dieser Region in prähistorischer Zeit der Erdmutterkult weit verbreitet. Diese Erdmutter war, im Gegensatz zur menschlichen Mutter, von zwiespältigem Charakter. Denn sie brachte nicht nur Leben in unüberschaubarer Vielfalt und Nahrung in Überfluß aus sich hervor, sie bedrohte die Lebewesen auch, ließ sie hungern und nahm sie schließlich wieder in ihren Schoß zurück. Die Erdmutter besaß also neben dem gütigen auch einen schrecklichen Aspekt.

Mit der Entwicklung der frühen menschlichen Gesellschaft zur Zivilisation im Indus-Tal gestaltete sich der Naturglaube allmählich in eine Hochreligion um. Zur Erdmutter wurde als schöpferisches, zeugendes Prinzip eine männliche Gottheit hinzugestellt. Vorstellungen von Polarität und Dualität kamen auf. Außerdem verfeinerte sich die bildliche Darstellung des göttlichen Paares durch neue Technologien, und auf diesem Weg entstand die Skulptur als hohe Kunst.

Durch eine Vielzahl von Funden ist dieser Prozeß eindeutig zu belegen. Einige Darstellungen jener männlichen Gottheit, die man im Indus-Tal ans Licht brachte, konnten sogar als Ur-Bild des Hindu-Gottes Shiva identifiziert werden. Bekannt ist ein Siegel aus Mohenjo Daro, auf dem eine Gestalt in Meditationshaltung mit untergeschlagenen Beinen und mit einer gehörnten Tierkrone zu erkennen ist. Es handelt sich dabei ganz klar um den Vorläufer einer populären Manifestation Shivas, des Pashupati. Selbst ein markantes Symbol Shivas, der Phallus als Zeichen für Potenz und Vitalität, ließ sich nachweisen. Und deshalb gibt es auch gar keinen Grund, daran zu zweifeln, daß die Erdmutter, die am Indus verehrt wurde, Prototyp für Mahadevi, der Gemahlin Shivas, war, jener in Indien so beliebten und in zahlreichen Manifestationen (wie Parvati, Uma, Gauri, Durga etc.) auftretenden Hindu-Göttin. Und gewiß ist auch der schreckliche Aspekt der Mahadevi, wie er sich in der Erscheinung der Kali zeigt, vom Erdmutterkult aus prähistorischer Zeit herzuleiten.

Nyatapola in Bhaktapur, mit 30,48 Metern der höchste Hindu-Tempel in Nepal.

Hier also, im Tal des Indus vor über 5000 Jahren, vollzog sich erstmals auf dem Subkontinent (und wahrscheinlich zum ersten Mal auf der Erde) im Geistesleben der Menschen ein Wandel von Magie zur Mystik, von der Naturreligion zur Hochreligion.

Die Indo-Arier

Lange glaubte man, daß die Eroberungszüge der Arier (ab 1500 v. Chr.) zum vollständigen Untergang der Indus-Kultur geführt hätten. Heute wiesen wir, daß die Arier nur zum Teil für diesen Prozeß verantwortlich gemacht werden können.

Es gab in der Tat verschiedene Ursachen für den Niedergang der alten Kultur im Indus-Tal. Nachweisen läßt sich eine drastische Verschlechterung der Umweltbedingungen seit Beginn des zweiten vorchristlichen Jahrtausends. Tektonische Erdbewegungen ließen damals zeitweise das untere Indus-Tal überfluten. Die obere Siedlungsschicht von Mohenjo Daro, die dreizehn Meter über dem heutigen Wasserstand des Indus liegt, war teilweise unter Flußschlamm begraben. Ein anderer Grund für den Untergang der Städte im Indus-Tal war ein verantwortungsloser Raubbau an der Natur. Zur Brennholzgewinnung für die Ziegelöfen und um neues Weideland zu schaffen, wurden die Wälder fabrikmäßig abgeholzt. Eine örtliche Beeinflussung des Klimas war die Folge. Trockenperiode folgte auf Trockenperiode. Die Erträge der Landwirtschaft gingen kontinuierlich zurück. Schließlich konnte das Land die Stadt nicht mehr versorgen. Es kam zu einem Exodus der städtischen Bevölkerung. Die großen Städte verödeten. Der Handel brach zusammen. Und allmählich erlosch die Zivilisation am Indus. Die ins Land strömenden Arier setzten unter diese Entwicklung nur noch den Schlußpunkt.

Auf jener Ziegelsteinplattform in Mohenjo Daro fand man zahlreiche Skelette von Männern, Frauen und Kindern, die Spuren von Hieb- und Stichwaffen aufwiesen. Das gab der Stadt auch ihren archäologischen Namen: Mohenjo Daro, *„Hügel der Toten“*. Den ursprünglichen Namen dieser vorarischen Metropole am Indus kennen wir nicht.

Die Arier kamen aus der Region des heutigen Afghanistan über die Hindukush-Pässe in die Hochtäler des West-Himalaya, und später überrannten sie in großen Einwanderungswellen das Indus-Tal. Ihre Vorgeschichte ist noch wenig erforscht. Einen Hinweis über ihre Herkunft gibt möglicherweise ein Dokument aus dem Jahre 1350 vor Christi. Es handelt sich um den Friedensvertrag aus Boghazhöi (jener

Hauptstadt des Hethiter-Reichs im Vorderen Orient) zwischen dem Hethiter-Herrscher und einem König der Mitanni, worin unter anderem die Götter Mitra, Varuna und Indra als Zeugen angerufen werden. Da es sich hierbei um Götter der Indo-Arier handelt, die bereits in den ältesten Schriften derselben erwähnt werden, erscheint es naheliegend, die Mitanni als eine im ursprünglichen Siedlungsraum verbliebene Gruppe der Arier anzusehen.

Anders als die Urbevölkerung Indiens waren die Arier hellhäutig. Sie fielen mit pferdegezogenen Streitwagen ins Land ein, verwüsteten die Dörfer und eroberten die befestigten Plätze, in die sich die Einheimischen geflüchtet hatten.

Im Laufe der ersten Jahrhunderte, die ihrer Überquerung des Hindukush folgten, wurden die Arier zu Halbnomaden. Sie ließen sich vor allem in der Gegend des heutigen Panjab nieder und gründeten Stammesdörfer. Der Bevölkerungsdruck nahm ständig zu. An eine Urbarmachung der weiten Dschungelgebiete Indiens war damals noch nicht zu denken, so daß ständig Landnot herrschte und die Arier häufig untereinander um die Wasserplätze und die besten Weidegründe in Fehde lagen.

Einige Stellen aus der ältesten Schriftsammlung Indiens, den Veden, lassen den Schluß zu, daß sich die Seßhaftwerdung der Arier um 1000 v. Chr. durch die Entdeckung und Nutzbarmachung des Eisens in Nordwest-Indien vollzog. Mit starken Äxten war es nun möglich, die Dschungel zu roden und die schweren Böden mit eisernen Pflügen zu bearbeiten. Handel und Handwerk begannen, sich zu entwickeln. In den landwirtschaftlich neu erschlossenen Gebieten – diese lagen vor allem in der Gangesregion, aber auch noch weiter im Osten – entstanden viele Dörfer; es waren die Vorreiter der großen Städte Indiens, wie Indraprasta (das heutige Delhi), Kashi (Varanasi oder Benares) und Pataliputra (heute Patna).

Mit der Seßhaftwerdung der arischen Halbnomaden ging ein tiefgreifender Wandel in den gesellschaftlichen Verhältnissen des Alten Indiens einher; es entstand jene soziale Struktur, die die Gesellschaft Indiens über die Jahrtausende hinweg prägen sollte: das Kastensystem, Varnashrama-Dharma genannt. Man vermutet, daß die Arier die vier Kasten (Varnas) geradezu erfunden haben, um die eigene Rasse „rein“ zu halten. Immerhin besaß die Urbevölkerung Indiens eine andere und vermutlich auch höhere Kultur, und die Arier mußten zurecht einen kulturellen Identitätsverlust befürchten, wenn sie sich mit den Einheimischen vermischten. Tatsache ist, daß in der frühen indischen Gesellschaft die unterworfene einheimische Bevölkerung, die sich auch durch ihre dunkle Hautfarbe von den Ariern unterschied, überwiegend als kastenlos und deshalb als „unberührbar" galt. Die unterste soziale Schicht im Kastensystem vertraten die sogenannten Shudras, d. h. Tagelöhner, Hausierer, Bettler etc. aus den Reihen der Arier. Über ihnen befanden sich die Vaishyas; es waren Händler, Bauern und Handwerker. Von ihnen hob sich der Kriegerstand, die Kshatriyas, ab. Und die Brahmanen nahmen als Priesterkaste die Spitze der sozialen Pyramide ein.

Unter den zahlreichen Göttergestalten, die die Arier mit nach Indien gebracht hatten, war Indra die beliebteste: *„Er hat einen langen, herabwallenden Bart, seine Arme und Hände besitzen riesige Kräfte. Sein Nacken ist stark, das Gebiß besteht aus Gold. Er hat tausend Hoden. Seine Lippen verraten den Trinker, und sein Bauch ist vom Rauschtrank Soma gefüllt. Sein Appetit und vor allem sein Durst nach Soma bleibt immer ungestillt ... Er altert nicht, ist jedoch seit eh und je erwachsen und zugleich jugendlich. Als königlicher Krieger oder kriegerischer König beschützt er mit Hilfe seines Wurfkeils die Götter und die Menschen vor bösen Dämonen und eilt von Krieg zu Krieg und von Sieg zu Sieg."* [9]

Mit der veränderten Lebensweise der Arier verloren die Stammesreligionen, die Indra und den Götterscharen huldigten, immer mehr an Bedeutung. Philosophische Spekulationen traten an ihre Stelle. In deren Mittelpunkt stand Brahman, die allesdurchdringende, immaterielle, unpersönliche Natur des Kosmos. Eine andere philosophische Strömung, die vermutlich außerhalb der Priesterschaft der Brahmanen aufkam, hatte den Atman, d. h. den Mittelpunkt der menschlichen Persönlichkeit, das Selbst, zum Zentralbegriff. Da aber bereits zu dieser vedischen Epoche Mikrokosmos (Mensch) und Makrokosmos als ineinander verwoben angesehen wurden, war es nur eine Frage der Zeit, bis beide Doktrinen einander näher kamen, sich berührten und schließlich zur Einheitsschau von Atman – Brahman verschmolzen.

Diese Einheitsschau zwischen der inneren, der subtilsten Natur des Individuums, Atman, und der höchsten Realität (durch was diese auch immer in dem jeweiligen Lehrsystem vertreten sein mag, ob in einem unpersönlichen Aspekt, wie z. B. durch Brahman, oder personifiziert durch eine Gottheit) ist im Grunde Gegenstand einer jeden philosophischen Strömung, die der Hinduismus hervorgebracht hat. Speziell in der Brahmanenphilosophie hieß das: Brahman, Ur-Grund und Seele des Weltalls, und Atman, Ur-Grund und Seele des Individuums, sind essentiell nicht verschieden; die Anwesenheit Brahmans im Individuum ist Atman. Die scheinbare Verschiedenheit liegt alleine in der Begrenztheit des Körpers begründet. Hieraus wurde das Konzept der Maya abgeleitet. Maya ist eine göttliche Kraft Brahmans. Da sie die

Verschiedenheit der Körper projiziert, kann sie im individuellen Fall die Verhüllung der höchsten Wahrheit hervorrufen; d. h. sie erzeugt dann die Illusion des Abgetrenntseins vom Absoluten und damit auch Unwissenheit und vergängliche Hingabe ans Dasein. Durch Maya wird das Individuum an den Kreislauf der Geburten gebunden. (Allerdings waren zur früh-vedischen Zeit diese Vorstellungen noch nicht voll ausgeprägt.)

Kosmogonie

Das Weltbild der Indo-Arier war geozentrisch: In der Mitte des Kosmos erhebt sich der Berg Meru, darunter liegen die Höllenregionen, über dem Meru sind die einzelnen Himmelssphären gestaffelt. Dennoch unterscheidet sich dieses Weltbild rigoros von dem des indischen Mahayana-Buddhismus, sehr viele Ähnlichkeiten bestehen aber mit der Kosmografie des Jainismus. Da im nächsten Kapitel ausführlich über die minutiöse Weltbeschreibung im Lehrgebäude der Jainas gesprochen wird, soll hier auf eine Darstellung des hinduistischen Weltbildes verzichtet werden, um statt dessen anhand einiger interessanter Zitate ein paar Beispiele zu geben von der Mannigfaltigkeit kosmogonischer Hymnen in den vedischen Schriftensammlungen.

In der früh-vedischen Zeit (1200 bis 900 v. Chr.) gab es über den Anfang der Welt mehrere Spekulationen. Einigkeit bestand lediglich in der Ansicht, daß aus der Ur-Materie, die an sich unerschaffen ist, die Welt durch eine Schöpfung hervorgegangen war. Ein interessanter Text ist das in den Rig-Veda, der ältesten Literatursammlung Indiens, eingeordnete Purusha-sukta; hier wird die Schöpfung als das Resultat eines kosmischen Opfers verstanden. Ein Purusha, eine Art Ur-Riese, wird geopfert, und daraus gehen Himmel und Erde, Luftraum und Meer mit allen Bewohnern hervor: [10]

1. Tausendköpfig, tausendäugig, tausendfüßig war Purusha; er bedeckte vollständig die Erde und erhob sich noch zehn Finger hoch darüber.

2. Purusha allein ist diese Welt, die gewordene und die werdende, und er ist der Herr über die Unsterblichkeit (und über das), was durch Speise noch wächst.

3. Solches ist seine Größe, und noch gewaltiger als dies ist Purusha. Ein Viertel von ihm sind alle Geschöpfe, drei Viertel von ihm ist das Unsterbliche.

4. Zu drei Vierteln stieg Purusha empor, ein Viertel von ihm ward hier neu geboren. Von dem aus ging er nach allen Seiten auseinander und über alles, was Speise ißt und was nicht ißt.

5. Aus ihm ward die Viraj geboren, aus der Viraj der Purusha. Geboren ragte er hinten und vorn über die Erde hinaus.

6. Als die Götter das Opfer mit Purusha als Opfergabe vollzogen, da war der Frühling dessen Opferschmalz, der Sommer das Brennholz, der Herbst die Opfergabe.

7. Ihn besprengten sie als das Opfer auf dem Gras, den am Anfang geborenen Purusha. Diesen brachten die Götter, die Sadhyas und die Rishi sich zum Opfer.

8. Aus diesem vollständig geopferten Opfer wurde das Opferschmalz gewonnen. Das machte er zu den in der Luft, im Wald und im Dorf lebenden Tieren.

9. Aus diesem vollständig geopferten Opfer entstanden die Verse und Sangesweisen, aus ihm entstanden die Metren, aus ihm entstand der Opferspruch.

10. Aus ihm entstanden die Rosse und alle Tiere mit doppelter Zahnreihe, aus ihm entstanden die Rinder, aus ihm sind die Ziegen und Schafe entstanden.

12. Sein Mund ward zum Brahmanen, seine beiden Arme wurden zum Rajanya gemacht, seine beiden Schenkel zum Vaishya, aus seinen Füßen entstand der Shudra.

13. Der Mond ist aus seinem Geist entstanden, die Sonne entstand aus seinem Auge; aus seinem Mund Indra und Agni, aus seinem Aushauch entstand der Wind.

14. Aus dem Nabel ward der Luftraum, aus dem Haupt ging der Himmel hervor, aus den Füßen die Erde, aus dem Ohr die Weltgegenden. So regelten sie die Welten.

Spätere Schriftsammlungen enthalten eine geradezu verwirrende Fülle von kosmogonischen Hymnen. Hier wird der Weltenschöpfer einfach nur als Demiurg, dort als personifiziertes Urprinzip besungen. Die Hymnen XIX,53 und 54 des Atharva-Veda beispielsweise erheben Kala (eigentlich *„die Zeit“*) zum Ur-Gott: [11]

5. Der Kala erzeugte jenen Himmel, der Kala diese Erde. Im Kala ist alles Gewordene und Zukünftige enthalten, vom Kala ins Leben gerufen, entwickelt es sich.

6. Der Kala erzeugte die Natur, im Kala brennt die Sonne, im Kala sind alle Geschöpfe, im Kala sieht jedes Auge.

7. Im Kala ist das Denken und im Kala der Atem, im Kala ist der Name enthalten. Wenn der Kala kommt, freuen sich alle Geschöpfe.

Schließlich heißt es sogar:

9. Von ihm ins Leben gerufen, von ihm geboren, ruht es in ihm. Der Kala, zum Brahman geworden, trägt den an der Spitze Stehenden.

Und in Nr. 54:

6. Alle Welten durch das Brahman erobernd, fährt der Kala dahin als der oberste Gott.

Andere Texte schreiben das Werk der Schöpfung dem Prajapati zu:[12]

Prajapati war nämlich im Anfang dieser Welt ganz allein. Er begehrte: *„Ich möchte etwas werden, ich will mich fortpflanzen."* Er mühte sich ab und erhitzte sich innerlich. Von ihm, dem Ermüdeten und Erhitzten, strömte die Welt aus: Erde, Luftraum und Himmel.

Irgendwann zur Epoche der frühen Upanishaden (850 bis 600 v. Chr.) taucht dann eine andere Gottheit auf, die für die Weltenschöpfung verantwortlich gemacht wird. Die religionswissenschaftliche Erklärung sieht in ihr eine Personifikation des neutralen Brahmans.

Brahma

Allerdings ist dieser Schöpfergott Brahma eine blasse und bedeutungslose Figur – Produkt der Spekulation und keine Volksgottheit wie etwa Shiva.

Brahma, ein bisexuelles Wesen, vollzieht den Schöpfungsakt durch seine Teilung in einen weiblichen und einen männlichen Körper. Sarasvati, die weibliche Hälfte, vollzieht (so wird in einer Schrift der sehr späten Purana berichtet) nach der Aufspaltung eine rechtswendige, rituelle Umwandlung der männlichen Gottheit; dabei wachsen dieser in sinnlichem Entzücken noch drei Gesichter in den drei übrigen Richtungen.

Für das viergesichtige Haupt des Brahma gibt es auch andere Erklärungen, unter anderem bringt man sie mit den vier Kardinalpunkten in Verbindung. Brahma wird außerdem mit vier Armen dargestellt. Die Attribute in seinen Händen sind: Veda-Schriftrolle, Gefäß mit Gangeswasser, Stab, Rosenkranz oder Opferlöffel.

Vishnu

Eine ganz andere Popularität genießt Vishnu; er ist eine der beiden am meisten verehrten Gottheiten im heutigen Indien. Über den Ursprung des Vishnuismus ist wenig bekannt; feststeht aber, daß das Konzept des Vishnu – genau wie das des Shiva – überwiegend nicht-arischen Ursprungs ist. Jedoch muß der Vishnu-Kult wesentlich jünger sein als der Shivaismus.

Für die Anhänger des Vishnuismus ist Vishnu die höchste Gottheit, die das All mit seinen Welten und Bewohnern emaniert hat, es beschützt und am Ende der Zeit wieder in sich zurücknimmt, um es nach einer Ruhepause durch Emanation neu zu erschaffen.

Die Raum-Zeit-Theorie der Anhänger Vishnus ist bis heute in Indien aktuell. Nach diesen Vorstellungen besteht ein Groß-Äon, ein Mahakalpa, aus vier Weltzeitaltern: Krita-Yuga, Treta-Yuga, Dvapara-Yuga und Kali-Yuga. Chronolisch verhalten sich die einzelnen Yuga zueinander wie die Verteilung der Augen auf einem indischen Würfel (4:3:2:1). Gegenwärtig leben wir in einem Kali-Yuga, einem dunklen Zeitalter.

Um böse Einflüsse zu vernichten und die Geschöpfe zu schützen, erschien Vishnu insgesamt in neun Inkarnationen auf der Erde, die sich über die Abschnitte dieses Mahakalpa wie folgt verteilen:

Im Krita-Yuga: als Fisch, Schildkröte, Rieseneber und Halb-Mensch-Halb-Löwe-Erscheinung Narasimha.

Im Treta-Yuga: als Zwerg Vamana, Parashu-Rama und Rama-Candra.

Im Dvapara-Yuga: als Hari Krishna.

Im gegenwärtigen Zeitalter, im Kali-Yuga, erschien er als Buddha, und am Ende des Kali-Yuga wird er in seiner zehnten Inkarnation, als Kalkin, erscheinen, um die Wesen nach ihren Taten zu richten und das Ende des Mahakalpa und damit der Welt herbeizurufen.

Charakteristisch für die am weitesten verbreitete Darstellung Vishnus sind vier Arme, die (im Uhrzeigersinn) Muschel, Lotos, Diskus und Keule halten. Sehr beliebt ist auch die Darstellung Vishnus in seiner Inkarnation als Narasimha (Halb-Mensch-Halb-Löwe), wie er gerade dabei ist, den Dämon Hiranyakashipu in Stücke zu zerreißen. Andere Darstellungen sind: Vishnu als Anantashayi-Narayan, auf den Windungen der Weltschlange Ananta liegend; Vishnu auf seinem Flugtier, dem Vogel Garuda (Garudasana-Vishnu); und Vishnu-Vikranta, mit drei Riesenschritten das Universum durchschreitend.

Shri Lakshmi, die Gemahlin Vishnus, hat, wie die Parvati, in der Großen Mutter ihr Vorbild. Sie ist vor allem in Nepal eine sehr verehrte Gottheit.

Interessant ist, daß die Vishnuisten auch die Gestalt Buddhas zu einer Inkarnation Vishnus erklären, die erschienen sei, um die Bösen zu häretischem Glauben und zur Abschaffung der weitverbreiteten Opferriten zu verführen und sie dadurch ins Verderben zu stoßen.

Shiva

Doch auch die Shivaisten beanspruchen Buddha für sich; sie erklären einmal Buddha mit Shiva identisch, ein anderes Mal ist Buddha ein Bruder Shivas. Religiöse Spekulationen dieser Art machen deutlich, daß Hinduismus und Buddhismus eigentlich nicht in vollständiger Opposition zueinander stehen.

Shiva hat eine ganz besondere Beziehung zum Himalaya. Er wird oft als vollkommener Yogi beschrieben, wie er mit Asche beschmiertem Körper, einem Lendenschurz aus Elefantenhaut und einer Halskette von Menschenschädeln in den Bergen des Himalaya meditiert. Die bildlichen Darstellungen Shivas als Yogi sind denen des meditierenden Buddha manchmal zum Verwechseln ähnlich. Seine Wohnung hat Shiva direkt im Kailash, dem heiligsten aller Berge.

Shiva als Yogi.

Shiva ist von zwiespältiger Natur. Einmal charakterisiert ihn das Symbol des Phallus als Träger der Fruchtbarkeit, zum anderen zeigt er sich in seiner schrecklichen Manifestation als Vernichter. Diese beiden Aspekte weisen Shiva deutlich als vor-arisch aus, nämlich als eine Gottheit, die ihr Vorbild in der männlichen Komponente der Erdmutter-Natur hat. Auch die Charakteristik Shivas als Yogi muß, wie archäologische Funde zeigen, als vor-arisch angesehen werden.

Ein anderes wichtiges Symbol Shivas, wie seiner gesamten Sippe, ist das dritte Auge auf der Stirn – das Auge der Weisheit. Shiva gilt als Lehrer der Kunst und der Wissenschaft. Und auch als Herr der Musik und des Tanzes, was seine zehn- oder zwölfarmige Plastik als Nritteshvara *(„Herr der Tänzer")* verdeutlicht. In einer interessanten Darstellung führt Shiva den Tandava-Tanz auf, mit dem der Weltuntergang herbeigerufen wird. Häufig ist Shiva auch vierarmig dargestellt; die Attribute, die er in seinen Händen hält, sind Dreizackspeer, Gebetskette und Medizinfläschchen. Die vierte Hand zeigt die Geste der Mildtätigkeit.

Parvati, die Gemahlin Shivas, hat ebenfalls einen friedvollen und einen schrecklichen Aspekt. Einmal ist sie Uma, die Geliebte, oder Gauri, die Fruchtbarkeit spendende Große Mutter, ein anderes Mal aber ist sie die furchtbare Kali, die alles verschlingende Dämonin. Kali wird mit entblößter Zunge, mit zu Schmuck verarbeiteten Leichenteilen, mit einem Schwert und einem abgeschlagenen Haupt dargestellt.

Das Götterpaar Shiva – Parvati hat zwei Söhne, den elefantenköpfigen Ganesha und den – je nach Darstellung – ein- oder sechsköpfigen und mit zwei, vier oder zwölf Armen ausgestatteten Kumara. Stets in der Gesellschaft des Götterpaares befindet sich auch der Stier Nandi.

Von Shiva gibt es einige Emanationen. Es sind ausschließlich schreckliche Gestalten. Die bekannteste ist Bhairava. Über den Grund von dessen Emanation wird unter anderem berichtet: Brahma und Vishnu wollten einmal im Fluge die Höhe des als feurige Säule aufragenden Phallus von Shiva ergründen. Als Brahma den Vishnu mit der Behauptung täuschen wollte, er habe das Ende des Phallus erreicht, emanierte Shiva aus dem Zentrum zwischen seinen Augenbrauen Bhairava. Dieser sollte Brahma für seine Lüge enthaupten. Als Bhairava dem Brahma bereits ein Haupt abgeschlagen hatte und daran gehen wollte, ihm auch noch die restlichen abzuhauen, bat ihn Vishnu um Gnade.

Heilige Berge und Ströme

Am Kailash, der Wohnung Shivas und Parvatis, entspringen zwei der heiligsten Ströme des Hinduismus, der Brahmaputra (Brahmas Sohn) und der Indus.

Über den Ursprung des Brahmaputra erzählt eine alte Mythe folgendes: Einst hatte sich der Gottkönig Shantanu mit seiner Gemahlin Amogha in die Region des Kailash zur Meditation begeben. Als Amogha im See Manasarovar badete, wurde sie von einem Schwan beobachtet, der in Wirklichkeit Brahma war. Dieser war von Amoghas Schönheit so überwältigt, daß sein Samen herausfloß. Amogha erzählte diese Begebenheit ihrem Gemahl. Jener war ein geübter Yogi, und er erkannte in dem Schwan sofort Brahma. Deshalb trug er seiner Frau auf, den Samen zu trinken. Nachdem Amogha dies getan hatte, wurde sie schwanger. Doch am Ende ihrer Schwangerschaft ergoß sich aus ihrem Leib ein nicht enden wollendes Wasser, Brahmas Sohn. Der Indus entspringt nördlich des Kailash – sein Wasser tritt aus einem Löwenrachen hervor, wie es heißt. Der Unterlauf dieses heiligen Stroms ist den Hindus heute nicht mehr zugänglich, da er durch Pakistan geht.

Der Himalaya birgt noch so manche Hindu-Heiligtümer mehr. Wie beispielsweise die 3901 Meter hoch gelegene Shiva-Höhle Armanath in Kashmir. Aus dem Himalaya soll auch Manu, der Stammvater der Menschen, kommen. In einem alten indischen Text steht folgendes geschrieben: Manu war einmal zum Fischen. Doch dem Fisch, den er fing, schenkte er wieder die Freiheit. Dieser erwies ihm seine Dankbarkeit, indem er von einer Flut kündete, die bald hereinbrechen sollte. Manu baute darauf ein Schiff. Und als das Wasser stieg, kam wieder der Fisch und geleitete Manus Schiff zu einem Felsen, der aus den Fluten ragte. Der Fisch gab sich als Brahma zu erkennen. Und wie sich herausstellte, war der Felsen der Gipfel des Weltberges Meru.

Die Quellarme des heiligsten Stroms der Hindus, des Ganges, entspringen alle an den Himalaya-Südhängen. Zwischen diesen Quellen erhebt sich der 7816 Meter hohe Nanda Devi, der Thronsitz von Shivas Gemahlin Parvati. Im Himalaya soll auch der legendäre Sarasvati entspringen. Die Diskussion um diesen Fluß, der den Indern als der Lebensspender generell gilt, kam erst in jüngster Zeit wieder auf, als nämlich indische Wissenschaftler mit Hilfe von Satellitenaufnahmen nachweisen wollten, daß der Sarasvati unterirdisch verläuft. Nach einer anderen neuzeitlichen Theorie war der Sarasvati ein Gletscherfluß, der heute ausgetrocknet ist.

Die Schriftensammlungen

Im Sanskrit gibt es kein adäquates Wort für „Religion". (Übrigens gilt das gleiche in der tibetische Sprache und im Chinesischen.) Man muß anstatt von „Religion" von Sadhana und von Dharma sprechen. Sadhana ist der Bereich der Philosophie und der Mystik. Dharma umfaßt die soziale Ordnung (das Kastensystem), sowie Vorschriften der Opferpraxis und der anderen zeremoniellen Handlungen, das Verhältnis von Mann und Frau, Strafrecht – man kann sagen, allgemein die Regeln des Hindu. Wobei natürlich jeder Hindu sein eigenes Dharma hat, gemäß der Zugehörigkeit zu einer der vier Kasten.

In dieser Weise sind auch die heiligen Schriften geordnet, d.h. sie befassen sich entweder mit Sadhana oder mit Dharma.

Die klassischen Texte des Hinduismus werden aufgeteilt in den Traya-Prastana, den *„Drei Instrumenten"*. Konkret sind das die Sammlungen Shruti, Smriti und die Sutras.

Shruti umfaßt die Samhitas. Das sind die vier Veden: Rig-Veda, Atharva-Veda, Sama-Veda und Yajur-Veda. Das Rig-Veda ist um 1200 v. Chr. entstanden und somit die älteste Literatursammlung Indiens überhaupt.

Die Sammlung des Vedanga (Anleitungen zum Studium des Veda) wird zwar nicht zu Shruti gezählt, man mißt ihr jedoch hohe Bedeutung bei. Die einzelnen Werke des Vedanga heißen: Shiksha (Aussprache des Sanskrit), Kalpa (Details des Rituals), Vyakarana (Grammatik), Nirukta (Definition seltener Wörter), Chanda (Erklärung und Einübung von Versmetren) und Jyotisha (Astronomie und Astrologie).

Die Brahmanas, eine weitere Abteilung des Shruti, sind in Prosa abgefaßte Texte, welche sich insbesondere auf das Opfer und die praktische und mystische Bedeutung der einzelnen Opferriten und Zeremonien beziehen. Ferner enthalten die Brahmanas kosmogonische Mythen und philosophische Gedanken über das Brahman. Die Aranyaka-Sammlung ist speziell für asketische Einsiedler bestimmt. Den Brahmanas und Aranyakas folgt Vedanta, das *„Ende des Veda"*. Es handelt sich um die Upanishaden, die Meditationen der Asketen über Gott und die Götter, über Menschen und Umwelt. Im Grunde sind die Upanishaden das Ergebnis der Verquickung von Brahman und Atman zur Einheitsschau.

Der Shruti-Kanon ist so geordnet, daß einem jeden Veda spezielle Brahmanas und Aranyakas folgen und bestimmte Upanishaden den Abschluß bilden.

Bei den Smritis, dem zweiten Komplex von Traya-Prastana, handelt es sich um Kompendien, die die allgemein gültigen Lebensregeln aufstellen, indem sie sehr ausführlich den Dharma der Vorväter darlegen.

Die Sutras (Lehrtexte) beschäftigen sich praktisch mit allen Bereichen von Kunst und Philosophie. Die einzelnen Sutras sind in sehr kompakter Weise verfaßt, so daß sie ohne Erklärungen oft nicht verstanden werden können. Und in der Tat gibt es zur Sammlung der Sutras noch eine textlich viel umfangreichere Sammlung von Kommentaren.

Die zweite große Schriftensammlung ist das Itihasa, zu dem die beiden Eben Mahabharata und Ramayana und die Puranas gehören.

Die Bhagavatgita (Offenbarung Hari Krishnas) aus dem Mahabharata hat mindestens die gleiche Autorität wie die Schriften des Traya-Prastana. Für viele Hindus ist die Gita – wie das Werk oft liebevoll genannt wird – Herzstück ihres Glaubens schlechthin.

Die Puranas sind jüngere Sammlungen. Sie entstanden zur Herrschaftszeit der Gupta-Dynastie, dem klassischen Zeitalter indischer Kultur, das im Jahre 320 n. Chr. mit der Inthronisation von Candra Gupta seinen Anfang nahm und zu Beginn des 6. Jahrhunderts durch die Angriffe der Hunnen auf Indien unterging. Die Sammlung, die großen Einfluß auf die Entwicklung des Hinduismus genommen hat, stützt sich zum Teil auf sehr alte Überlieferungen; es werden unter anderem Themen behandelt wie Kosmogonie, Geografie und Genealogie.

Die Heilswege

Innerhalb des Hinduismus findet man eine erstaunliche Anzahl verschiedener Heilswege (Marga), die den Fähigkeiten und vor allem den Möglichkeiten jedes praktizierenden Gläubigen angepaßt sind.

Da ist zunächst Karma-Marga. Karma bedeutet wörtlich *„Tat“*. Jedoch beschränkt sich der Begriff nicht auf den Vorgang der Tat, sondern, und das in das Wesentliche, er schließt die Wirkung – die Rückwirkung! – mit ein. Und die ist unabwendbar, kann nicht mehr beeinflußt werden. Andererseits ist es möglich, durch eine bestimmte Praxis eine bestimmte Wirkung zu kalkulieren. Speziell im Karma-Marga bedeutet das, daß durch rituelle Handlungen Verdienste angesammelt werden, die sich dann auf die Wiedergeburt günstig auswirken. Wie wenn man sich durch eine Nebenbeschäftigung ein Konto für künftige Zeiten anlegt.

Früher war Karma-Marga mehr eine öffentliche Angelegenheit. Große und komplizierte Opfer-Rituale wurden veranstaltet, für die die Brahmanen verantwortlich waren. Das spektakulärste Ritual war das *Große Pferdeopfer.* Heute beschränkt sich Karma-Marga im großen und ganzen auf den privaten Bereich. Konkret heißt das: Jeder Haushalt hat einen Altar, an dem täglich gewisse Rituale und Opferhandlungen durchgeführt werden.

Als heilige Schriften kommen für Karma-Marga vor allem die Veden und Brahmanas in Betracht. Wichtig ist auch Kalpa aus der Vedanga-Sammlung, da dort exakte Anleitungen für die einzelnen Rituale gegeben werden.

Die Personengruppe, die Karma-Marga praktiziert, ist (wenn man das einmal so sagen darf) die des kleinen Mannes, der nicht die Möglichkeit hat, sich viel mit Philosophie zu beschäftigen.

Um letztendlich Moksha, die Erlösung, zu erlangen, muß der Jnyana-Marga (Erkenntnisweg) gegangen werden. Jnyana-Marga stützt sich unter anderem auf das Studium der Upanishaden; er ist die Praxis von Meditation und Mystik, ein Weg nach innen. Je tiefer man fortschreitet, je mehr lösen sich die Schleier auf, die die höchste Wahrheit verhüllen. Schließlich findet man das eigentliche Selbst, das individuell die höchste Wahrheit vertritt. Damit begibt man sich auf den Sonnenweg, der nicht mehr zurückführt in den Kreislauf der Geburten.

Ein solcher Weg wird beschritten durch die Yoga-Praxis. Yoga ist ein In-sich-Zurückziehen, indem alle sprachlichen Modifikationen des Denkvorgangs aufgehoben werden. Bis ein Verweilen des Praktizierenden in seinem eigenen Wesen zustande kommt. (Übrigens sind die Wurzeln des Yoga nichtarisch, wie zahlreiche Funde eindeutig belegen. Ich besitze das getreue Duplikat eines dreimal drei Zentimeter kleinen Siegels, das in der Totenstadt Mohenjo Daro gefunden wurde; es zeigt jemanden in typischer Yoga-Haltung mit untergeschlagenen Beinen auf einem Sockel sitzend, die Hände auf den Knien ruhend. Darüber sind vier geheimnisvolle Schriftzeichen zu erkennen.)

Die Samkhya-Philosophie, die zuerst von Shri Kapila Muni (einige Zeit vor dem Auftreten Buddhas) verkündet wurde, hat eine selbständige Evolutionslehre entwickelt und verfügt über eine eigene Schrift. Samkhya bedeutet wörtlich *„zählen".* Dieser Begriff wird benutzt, weil das Samkhya-System das analytische Wissen darlegen will, das befähigt, zwischen Materie und spiritueller Seele zu unterscheiden.

Obwohl Samkhya und Yoga eigenständige Systeme darstellen, haben sie doch eine enge Beziehung zueinander. Kurz gesagt: Samkhya vermittelt notwendiges vorbereitendes Wissen für die Ausübung von Yoga.

Die populärste Praxis des Hinduismus (auch außerhalb Indiens) ist Bhakti – die hingebungsvolle Liebe und der Dienst für eine Gottheit. Am weitesten verbreitet ist Krishna-Bhakta, das von Caitanya Mahaprabhu (1486 bis 1534) in Bengalen ins Leben gerufen wurde. Mittlerweile hat sich Krishna-Bhakta, durch die Initiative von Shrila Prabhupada, zu einer weltweiten Bewegung entwickelt; es wird in zahllosen Zentren der Internationalen Gesellschaft für Krishna-Bewußtsein (ISCON) rund um den Erdball praktiziert. Für die Gottgeweihten der ISCON ist Krishna der Heilige Name der Höchsten Persönlichkeit Gottes.

Hari Krishna

Ohne Zweifel ist Hari Krishna nicht nur eine der bedeutensten Figuren der indischen Kultur, sondern auch der Weltgeschichte. In Krishna wird längst nicht mehr nur die achte Inkarnation Vishnus dieses Mahakalpa gesehen – Shri Krishna ist die Höchste Wahrheit in Person.

Als historische Gestalt dürfte Krishna um 850 v. Chr. erschienen sein. Das Werk *Krishnayana* hat die Geschichte seiner Kindheit und Jugend aufgezeichnet:

In der Stadt Mathura regierte König Ugrasena aus dem Geschlecht Yadavas. Seine Gemahlin Pavanarekha wurde durch dämonische Ein-

Die Hindu-Tempel auf dem Durbar Square in Patan/Nepal, die alle Krishna geweiht sind.

Brindavana bei Mathura, wo Krishna bei den Hirten aufwuchs.

flüsse schwanger und gebar den Dämon Kamsa. Als dieser erwachsen war, stürzte er seinen Vater und richtete eine Schreckensherrschaft über das Land auf. Vishnu beschloß, einzuschreiten. Er erwählte Vasudeva, dessen Gemahlin Devaki eine Tochter des jüngeren Bruders König Ugrasenas war, und prophezeite, daß sein siebter Sohn Balarama und sein achter Sohn Krishna die Macht Kamsas brechen werden. Kamsa erfuhr jedoch von dem Plan, setzte Vasudeva und Devaki in Gewahrsam und tötete jedes Kind, das von ihnen kam. Als Devaki das siebte Mal schwanger wurde, griff Vishnu erneut ein und ließ den Embryo aus Devakis Leib nehmen und in den Leib der Rohini, einer anderen Gemahlin Vasudevas, die in einem Hirtendorf bei Mathura lebte, einpflanzen. Auch Devakis achter Sohn, Krishna, wurde gerettet. Dieser wuchs unter den Hirten bei Mathura auf, hatte in der Kindheit schon in einigen Kämpfen mit dämonischen Mächten zu bestehen und vernichtete schließlich, als er erwachsen war, den bösen Dämon Kamsa.

Als Angehöriger der Kriegerkaste zog Krishna immer wieder gegen die bösen Mächte der Welt zu Felde. Den Höhepunkt seiner Kämpfe bildete aber sein Eingreifen in den Streit der Pandavas und der Kauravas. Die Pandavas herrschten in Indraprastha, dem heutigen Delhi, und die Kauravas in Hastinapura. Die Kauravas hatten Mittel ersonnen, die Pandavas aus Indraprastha zu vertreiben. Und zwar wurde ein Würfelspiel veranstaltet, bei dem die Pandavas alles Hab und Gut verloren. Sie mußten daraufhin zwölf Jahre ins Exil gehen. Danach flammte der Konflikt zwischen beiden Clans erneut auf. Schließlich begegneten sie sich auf dem Schlachtfeld. Krishna war mit den Pandavas verbündet. Er diente dem Kriegshelden Arjuna als Lenker seines Streitwagens. Vor Beginn der Schlacht fuhr Arjuna die Frontlinien ab; dabei offenbarte sich ihm Krishna als die Höchste Persönlichkeit Gottes und verkündete ihm seine Lehre, die Bhagavatgita.

Der Kampf zwischen den Pandavas und den Kauravas ist in dem indischen Volksepos *Mahabharata* aufgezeichnet. Dieses Werk stellt mit seinen 106.000 Versen das umfangreichste Einzelwerk der Weltliteratur dar. Die Bhagavatgita aus dem sechsten Buch des Mahabharata hat wohl von allen Schriften der indischen Literatur nach Tiefe und Zeitdauer den größten Einfluß ausgeübt; Krishna gibt ihr sogar welthistorische Bedeutung, wenn er im siebten Gesang derselben spricht: *„Und was für eine göttliche Gestalt auch immer irgendein Frommer gläubig verehren will, dessen Glauben befestige ich! Wer, von diesem Glauben beseelt, dieses Gottes Gunst erstrebt, erlangt von ihm alle Wünsche, die ihm nämlich von mir zugewandt werden."*

Jainismus

Es ist merkwürdig und nicht so leicht zu verstehen, daß der Jainismus, eine der drei großen Religionen, die Indien hervorgebracht hat, im Westen kaum dem Namen nach bekannt ist. Zumal im Gegensatz zum Buddhismus, der seit fast tausend Jahren eigentlich keine Rolle mehr in seinem Ursprungsland spielt, die Jaina-Lehren in Indien noch immer lebendig sind.

Dabei hätten die Anhänger des Jainismus, die Jainas, alleine schon wegen der Schönheit ihrer Kunstwerke und der Grazie ihrer Weihestätten, die überall in Indien zu finden sind, mehr Interesse verdient.

Im Verständnis der Jainas haben ihre Lehren – genau wie die Menschenwelt und das Universum – keinen Ursprung. Die Jaina-Lehren sind die höchste Wahrheit generell. Wenn sie auch in den Äonen der Weltgeschichte gelegentlich untergehen, so werden sie doch immer und immer wieder durch die *Tirthamkaras* neu ans Licht gefördert und verkündet. In der gegenwärtigen Weltperiode sind insgesamt vierundzwanzig Tirthamkaras erschienen; heilige Schriften der Jainas haben ihre Namen und Lebensgeschichten aufgezeichnet. Zumindest bei den letzten beiden aus dieser Reihe, den Tirthamkaras Parshva und Mahavira, gibt es für uns keinen Grund, an ihrer Geschichtlichkeit zu zweifeln. Möglicherweise ist Parshva der eigentliche Stifter des Jainismus, während Mahavira (ein Zeitgenosse Buddhas) die Jaina-Doktrinen systematisierte.

Raum und Zeit

Nach den Auffassungen der Jainas befindet sich im Zentrum des Universums die von menschlichen Wesen bewohnte Welt. Darüber breiten sich zehn Himmelssphären aus, und unter der Mittelwelt liegen sieben Höllenbereiche.

Um nun die über alles menschliche Vorstellungsvermögen hinausgehenden Dimensionen dieses unerschaffenen, ewigen Weltalls beschreiben zu können, haben die Jainas eine besondere Maßeinheit entwickelt, das *Rajju.* Ein Rajju entspricht der Strecke, die ein göttliches Wesen in sechs Monaten durchfliegen kann, wenn es in jedem Augenblick 2,057.152 Yojanas zurücklegt (ein Yojana sind zwei geografische Meilen; d. h. rund fünfzehn Kilometer).

In den Ansichten über die Gestalt des Alls gibt es leichte Differenzen zwischen den beiden Konfessionen des Jainismus, den Shvetambaras und Digambaras.

Letztgenannte lehren folgende Kosmografie:

Die Entfernung vom tiefsten bis zum höchsten Punkt der Welt beträgt vierzehn Rajju, d. h. sieben Rajju in Richtung Zenit und ebensoweit in Richtung Nadir. An seiner untersten Stelle mißt das Weltgebäude von Norden nach Süden und von Osten nach Westen sieben Rajju. Während aber das Maß von sieben Rajju zur Höhe hin in Richtung Nord-Süd konstant bleibt, nimmt die Ost-West-Breite stetig ab, bis diese in Höhe der Mittelwelt nur noch ein Rajju beträgt. Dann steigt die Breite wieder an und erreicht in der Mitte der Oberwelt schließlich fünf Rajju. Weiter nach oben verjüngt sich die Breite erneut und kommt an höchster Stelle endlich auf ein Rajju. Darüber befindet sich noch die Welt der entrückten Seligen. Jene Region ist ein Rajju breit und ebenso lang, jedoch nur etwa sechzehn Meilen hoch.

Von Norden oder Süden betrachtet, hat die Welt also annähernd die Form einer aufrecht stehenden Frau mit Mütze und weitem Rock.

Umschlossen ist das Weltall von einer Sphäre dichten Wassers, einer weiteren Sphäre, die aus dichten Winden besteht, und einer dritten Sphäre aus dünnen Winden. Danach herrscht nur noch Leere und Finsternis.

Auch die Shvetambaras stimmen dieser Weltgestalt im großen und ganzen zu. Lediglich im Punkto Ab- und Zunahme der Welt zur Höhe hin differenzieren die kosmografischen Auffassungen der Digambaras mit denen der Shvetambaras. Diese sind nämlich der Auffassung, daß in allen Richtungen von der Basis bis zur Spitze eine Veränderung des Weltgebäudes zu beobachten ist, und zwar eine Veränderung, die sich stufenförmig vollzieht. Die Shvetambaras kommen deshalb auf einen Gesamt-Rauminhalt des Weltalls von 239 Kubik-Rajjus, während dieses Maß bei den Digambaras 343 Kubik-Rajjus beträgt.

Übereinstimmung zwischen beiden Konfessionen herrscht im Wesentlichen auf dem Gebiet der Geografie:

Im Zentrum der Mittelwelt befindet sich der kreisförmige Kontinent Jambudvipa. Dieser wird von Osten nach Westen durch sechs parallele Gebirgszüge – namentlich Himavan, Maha-Himavan, Nishadha, Nila, Rukmi und Shikhari – in sieben Zonen unterteilt. Die südlichste Zone ist Bharata (Indien), die nördlichste Airavata. Dazwischen liegen (von Süden nach Norden) Haimvata, Hari, Videha, Ramyaka und Hairanyavata. Bharata und Airavata werden noch einmal von einer parallel zu den anderen Massiven verlaufenden Gebirgskette von verhältnismäßig geringer Höhe zerteilt. Jeweils zwei Ströme, die im Himavan- bzw. im nördlichen Shikhari-Gebirge entspringen und die jene beiden niederen Gebirgszüge auf ihrem Weg zum Meer hin durchschneiden, teilen die Randzonen in je sechs Provinzen. In Bharata sieht man Ganges und Indus als die beiden Ströme an, und der „niedere" Höhenzug, der die Grenze zwischen den drei nördlichen und den drei südlichen Provinzen bildet, ist das Vaitadhya-Gebirge, d. h. der Himalaya.

Der kreisförmige Zentralkontinent Jambudvipa hat einen Durchmesser von 100.000 Yojanas. In der Mitte der Zone Videha und damit genau im Zentrum von Jambudvipa erhebt sich der Weltberg Meru. Sein Gipfel liegt in 99.000 Yojanas Höhe; 1000 Yojanas weit reicht der Berg ins Erdreich hinab. Meru hat die Form eines Kegelstumpfes und ist mit Rundterrassen ausgestattet, auf denen sich Tempel, Berge und Seen befinden. Ganz oben steht ein Tempel der Tirthamkaras. Von der Basis des Berges gehen in den Zwischenrichtungen der Windrose noch einmal vier Gebirge ab.

Jambudvipa wird durch das 200.000 Yojanas breite Salzmeer Lavanoda von dem nächsten ringförmigen Kontinent Dhatakikhanda, der ein Breite von 400.000 Yojanas hat, getrennt. Dhatakikhanda umströmt der schwarze Ringozean Kaloda. Dann folgt der Ringkontinent Pushkara. Das Gebirge Manushottara teilt denselben in zwei gleichbreite Hälften. Nur auf der dem Kaloda-Ozean zugewandten Ringhälfte gibt es noch menschliches Leben; jenseits des Manushottara-Gebirges herrscht ewige Starre und Stille. Trotzdem folgen nach Pushkara noch unzählige Ringmeere und Ringkontinente. Ihre Dimensionen wachsen in Form einer geometrischen Progression, d. h. ein Ringkontinent hat stets die doppelte Breite des vorangegangenen Ringozeans und die halbe Breite des nachfolgenden Ozeans. Der letzte Kontinent ist Svayambhuramana. Dieser wird umschlossen von dem unvorstellbar breiten Svayambhuramana-Ozean. Eine Eigentümlichkeit dieses Ozeans ist, daß in ihm wieder Leben vorkommt, was in den Meeren nach Kaloda nicht mehr der Fall war.

Zwischen einer Höhe von 790 und 900 Yojanas über den inneren Kontinenten liegt die Sphäre der Gestirne. Diese gliedern sich zu einheitlichen Systemen, und zwar jeweils zu einer Sonne, einem Mond, 28 Mondstationen (Nakshatras), 88 Planeten und 6,697.500,000.000,000.000 Sternen. Jambudvipa besitzt zwei solcher Systeme, die ihre Kreisbahn um dem Meru ziehen. Ein Tag entspricht einer halben Umlaufbahn. (Das bedeutet also, daß die Sonne, die heute morgen aufgeht, nicht die des Vortages, sondern die von vorgestern ist.) Nur noch über dem nächsten Ringkontinent Dhatakikhanda und der inneren Hälfte von Pushkara ziehen Systeme von Gestirnen ihre Bahn. Wobei ihre Anzahl von Jambudvipa nach außen ansteigt. Jenseits des Manushottara-Gebirges, das Pushkara in zwei Ringe teilt, stehen die Gestirne starr am Firmament.

Soweit stimmt die Astronomie bei beiden Konfessionen überein; wenn es jedoch um die Himmelssphären geht, weichen die astronomischen Anschauungen der Digambaras und der Shvetambaras teilweise erheblich von einander ab.

Die einzelnen Himmel sind in eine Nord- und eine Südhälfte aufgeteilt. Im Himmel IX fehlt bei beiden Konfessionen diese Unterteilung und in den Himmeln III bis VI nur bei den Shvetambaras; außerdem fehlt in ihrem speziellen Weltbild der Himmel X. Auch die Namen der Himmelssphären und die Anzahl ihrer Einzelregionen unterscheiden sich auffallend in den Systemen beider Konfessionen von einander.

Nach den Shvetambaras sind die Himmel von unten nach oben wie folgt gegliedert:

I	Saudharma (S), Aishana (N), 13 Regionen
II	Sanatkumara (S), Mahendra (N), 12 Regionen
III	Brahmaloka, 6 Regionen
IV	Lantaka, 5 Regionen
V	Shukra, 4 Regionen
VI	Sahasrara, 4 Regionen
VII	Anata (S), Pranata (N), 4 Regionen
VIII	Arana (S), Acyuta (N), 4 Regionen
IX	Adho-, Madhya- und Urdhva-Graiveyaka, 9 Regionen
X	(fehlt)
XI	Anuttara

Im System der Digambaras erfolgt die Gliederung in dieser Weise:

I	Saudharma (S), lahana (N), 31 Regionen
II	Sanatkumara (S), Mahendra (N), 7 Regionen
III	Brahma (S), Brahmottara (N), 4 Regionen
IV	Lantava (S), Kapishtha (N), 2 Regionen
V	Shukra (S), Maha-Shukra (N)
VI	Shantara (S), Sahasrara (N)
VII	Anata (S), Pranata (N), 3 Regionen
VIII	Arana (S), Acyuta (N), 3 Regionen
IX	(wie bei Shvetambaras)
X	Anudisha
XI	(wie bei Svetambaras)

Oberhalb dieser Himmelssphären liegt Ishatpragbhara, ein Gebiet unvorstellbaren Glanzes. In der Mitte erhebt sich ein runder Fels. Dort leben die Erlösten. Von da aus ist es nur noch ein Yojana weit bis zum Ende des Weltgebäudes.

Auch die Höllen unterhalb der Mittelwelt gliedern sich in Sphären. Es sind sieben an der Zahl. Auf ihnen kommen 49 Höllenregionen mit insgesamt 8,400.000 Einzelhöllen:

I Ratna-Prabha *(„Juwelenglanz“),* 13 Regionen, 3,000.000 Einzelhöllen

II Sharkara-Prabha *(„Kieselglanz“),* 11 Regionen, 2,500.000 Einzelhöllen

III Valuka-Prabha *(„Sandglanz“),* 9 Regionen, 1,500.000 Einzelhöllen

IV Panka-Prabha *(„Schlammglanz“),* 7 Regionen, 1,000.000 Einzelhöllen

V Dhuma-Prabha *(„Rauchglanz“),* 5 Regionen, 300.000 Einzelhöllen

VI Tamah-Prabha *(„Dunkelglanz“),* 3 Regionen, 99.995 Einzelhöllen

VII Mahatamah-Prabha *(„Großdunkelglanz“)* 5 Einzelhöllen

Grausigkeit und Schrecklichkeit der Höllen nehmen zur Tiefe hin stetig zu.

Dieses Universum von fantastischer Großartigkeit, mit den Höllen, Himmeln und der Mittelwelt, ist nicht das Resultat eines Schöpfungsaktes; es wird auch nicht von einem höchsten Gott regiert. Es gibt aber in den unvorstellbaren Dimensionen dieses Weltgebäudes kaum einen haaresbreiten Fleck, der nicht beseelt ist. In manchen Wesen leben sogar mehrere Seelen auf einmal, und das kann auch auf Pflanzen, ja Steinen zutreffen.

Da dieses Universum ohne Anfang und ohne Ende ist, ist der Stoff (Pudgala), der mit dem Raum, mit Statik und Dynamik und mit der Zeit zu den Entitäten des Ungeistigen zählt, ebenfalls unzerstörbar und ewig.

Die zweite Gruppe von unzerstörbaren Entitäten umfaßt die Seelen. In natura sind die Seelen im Besitz der vollkommnen Weisheit, und ihre Energien sind ohne Grenzen. Doch selten kann eine Seele diese natürlichen Qualitäten voll entfalten; denn sie ist gehemmt durch das Karma und dadurch an den Geburtenkreislauf gefesselt. Das Karma bestimmt auch den Ort ihrer Geburt – in den Höllen oder in den Himmeln oder auf einem Kontinent der Mittelwelt als Mensch, Tier oder Pflanze.

Die Jainas haben auch für die Zeiteinteilung ein separates System entwickelt. Nach diesem ist ein Samaya die kleinste Zeiteinheit; sie entspricht der Zeit, in welcher ein Atom (Paramanu) sich die Strecke seiner eigenen Länge bewegt. Einer astronomischen Zahl von Samayas entspricht ein *Avalika.* 1,677.216 Avalikas ergeben dann ein *Muhurta* (= 48 Minuten). 30 Muhurtas sind ein Tag. In dieser Weise werden noch einige Zeiteinheiten gebildet, und schließlich ist ein *Samvatsara* (=1 Jahr) erreicht. 8,400.000 Jahre sind ein *Purvanga,* 8,400.000 Purvangas sind ein *Purva* (d. h. $8{,}400.000^2$ Jahre). Und so geht es nun fort bis zu einer 77stelligen Zahl. Der nächst größere Zeitabschnitt wird mit einem Vergleich beschrieben: Ein Behälter von ein mal einem Yojana (ca. 15 km) ist mit den feinsten Härchen gefüllt; wird nun alle 100 Jahre ein Härchen dem Behälter entnommen, vergeht ein *Palyopama,* bis dieser leer ist. Zehn *Kotikotis* (1.000,000.000,000.000) von Palyopamas entsprechen einem *Sagaropama,* und zehn Kotikotis von Sagaropamas (man bräuchte für die Nullen dieser Zahl mehrere Zeilen) sind eine *Utsarpini,* d. h. eine aufsteigende Zeitperiode. Die gleiche Länge hat eine absteigende Zeitperiode, eine *Avasarpini.* Zahllose solcher Utsarpinis und Avasarpinis hintereinander ergeben einen *Pudgalaparavarta.*

Alleine im Innern der Mittelwelt vollzieht sich ein ständiger Wechsel von Avasarpini- und Utsarpini-Zeitperioden. Zu Beginn einer Avasarpini beträgt die menschliche Körpergröße drei *Krosha* (etwa ein dreiviertel Yojana); sie sinkt dann ab bis auf ein *Hasta* (Handbreite) am Ende der Periode. Während der darauffolgenden Utsarpini steigt die Körpergröße wieder an, bis endlich erneut drei Krosha erreicht sind. Auch die Lebenserwartung der Menschen sinkt mit der Avasarpini ab und beträgt am Ende nur noch zehn Jahre, während zu Beginn der Periode ein Mensch viele Millionen Purvas alt wird.

Eine Avasarpini gliedert sich in sechs Zeitalter:

1. Sushama-sushama *(„gut-gut"),* Dauer: 4 Kotikotis von Sagaropamas,
2. Sushama *(„gut"),* Dauer: 3 Kotikotis von Sagaropamas,
3. Sushama-duhshama *(„gut-schlecht"),* Dauer: 2 Kotikotis von Sagaropamas,
4. Duhshama-sushama *(„schlecht-gut"),* Dauer: 1 Kotikoti von Sagaropamas weniger 42.000 Jahre,
5. Duhshama *(„schlecht"),* Dauer: 21.000 Jahre,
6. Duhshama-duhshama *(„schlecht-schlecht"),* Dauer: 21.000 Jahre.

Das erste Zeitalter ist also das absolut beste, das letzte das absolut schlechteste. Eine Utsarpini enthält die gleichen Zeitalter, nur eben in umgekehrter Reihenfolge.

Gegen Ende des dritten Zeitalters kam es zu einer kulturellen Entwicklung in der nördlichen Zone von Jambudvipa, in Airavata, und in Bharata (Indien) auf der Südhemisphäre des Zentralkontinents. Dort trat zu dieser Zeit der erste Tirthamkara auf, um die Jaina-Lehre zu verkünden. Er hieß Rishabha und war Sohn des Nabhi und dessen Gemahlin Marudevi. Als er 2,000.000 Purvas alt war, krönten ihn die Menschen zu ihrem ersten König. Mit 6,300.000 Purvas entsagte Rishabha der Welt und offenbarte sich als Tirthamkara. Sein Sohn Bharata übernahm daraufhin die Regierungsgeschäfte. Rishabha erlangte am Berg Kailash in West-Tibet die Allwissenheit und starb drei Jahre und achteinhalb Monate vor dem Ende jenes dritten Zeitalters. Der Kailash ist somit das einzige Heiligtum der Jainas außerhalb Indiens.

Die anderen 23 Tirthamkaras dieser Avasarpini erschienen im darauffolgenden Zeitalter Duhshama-sushama. Besonders hervorzuheben ist Mali, Tirthamkara Nr. 19, da es sich um die einzige Frau unter den Jaina-Heilskündern handelt (allerdings auch nur in der Historie der Shvetambaras). Neminatha (auch Arishtanemi oder Nemi), der 22. Tirthamkara, soll ein Cousin von Hari Krishna gewesen sein. Das steht aber im Widerspruch zu unserer Zeitberechnung; denn nach der Jaina-Chronografie lebte Neminatha etwa 85.000 vor Christi. Vom Tod des Neminatha bis zum Erscheinen des 23. Tirthamkara Parshva (oder Parshvanatha) vergingen 84.000 Jahre. Somit könnte eher Parshva ein Zeitgenosse von Hari Krishna gewesen sein. In Parshva dürfen wir auch getrost eine historische Gestalt sehen, die bereits die Grundlehren der Jainas verkündet hat. Drei Jahre und achteinhalb Monate nach der Tirthamkara-Epoche ging das Zeitalter Duhshama-sushama zuende. Im gegenwärtigen Duhshama sind keine Tirthamkaras mehr zu erwarten.

Entsprechend den Lebensäußerungen der Avasarpini hatte sich auch ständig die Zeitspanne zwischen dem Auftreten der Tirthamkaras verringert, und schließlich vergingen nach dem Tod des Parshva nur noch 250 Jahre bis zur Geburt des letzten, des 24. Tirthamkara.

Dieser war Vardhamana Mahavira.

Mahavira

Der Geburt des Vardhamana war eine Reihe wunderbarer Ereignisse vorangegangen.

Saudharma ist die Südhälfte der untersten Himmelssphäre. Dort sah man bereits der Ankunft eines neuen Tirthamkara voller Spannung entgegen. Shakra, der Götterfürst von Saudharma, beobachtete fortlaufend den südlichen Subkontinent Bharata, um irgend ein Zeichen des bevorstehenden großen Ereignisses zu entdecken. Und eines Tages stellte er fest, daß der künftige, der 24. Tirthamkara, im Schoß der Brahmanin Devananda die Form eines Embryos angenommen hatte. Dem Götterfürst Shakra war die Brahmanenkaste nicht würdig genug für einen Tirthamkara, und so gab er Harinaigamashi, einem seiner Unterstellten, den Auftrag, eines Nachts den Embryo aus dem Leib der Devananda zu entfernen und ihn mit dem Embryo im Leib der Königin Trishala zu vertauschen.

Mahavira, der 24. Tirthamkara und Stifter des systematisierten Jainismus.

Nachdem Harinaigamashi den Befehl des Shakra ausgeführt hatte, erschienen der Königin Trishala in der Nacht die vierzehn glücksverheißenden Traumbilder, die auch Devananda nach der Empfängnis geschaut hatte. Am Morgen berichtete Trishala ihrem Gemahl, König Siddhartha, von den Traumgesichtern. Der König rief daraufhin die Traumdeuter zu sich. Und diese prophezeiten, daß aus dem Knaben, den die Königin zu erwarten hätte, entweder ein großer Herrscher oder aber ein Heilskünder werde.

Das Königspaar Siddhartha und Trishala verehrte die Jaina-Lehre, wie sie 250 Jahre zuvor von Parshva verkündet worden war.

Nach neun Monaten und siebeneinhalb Tagen Schwangerschaft gebar Triahala einen Sohn, der den Namen Vardhamana erhielt. Nach den Überlieferungen geschah dies *„am 13. Tage der dunklen Hälfte des Monats Caitra (März – April) des Jahres 549 vor Chr. in Kundapura oder Kundagrama (jetzt: Basukund), dem 'nördlichen Ortsteil von Vaishali, dem heutigen Besarih'.*" Vardhamana war somit vierzehn Jahre jünger als Siddhartha Gautama, der Buddha.

Über die Kindheit des Vardhamana werden die wunderlichsten Dinge berichtet. So soll Shakra einmal in der Inkarnation eines Brahmanen den Knaben besucht haben, um mit ihm einen schwierigen philosophischen Disput auszutragen. Ein anderes göttliches Wesen erschien und forderte den Vardhamana zum Kampf heraus, wurde aber von dem Knaben bezwungen. Dieser Sieg brachte Vardhamana den Ehrennamen *„Mahavira"*, d. h. der *„Große Sieger"*, ein.

Mit all den Wundertaten, die der Knabe vollbrachte, versetzte er die erwachsenen Menschen in Erstaunen.

Bereits in seiner frühesten Jugend verspürte Vardhamana eine Neigung zu asketischem Leben. Er wollte aber seinen Eltern keinen Kummer bereiten, und so fügte er sich schließlich in sein Schicksal als Prinz. Er gründete auch eine Familie. Seine Gemahlin schenkte ihm eine Tochter, die den Namen Priyadarshana (oder Anojja) erhielt.

Als Vardhamana dreißig Jahre alt war, starben seine Eltern. Seinem Verlangen, dem Weltleben zu entsagen und als Wandermönch durchs Land zu ziehen, stand nun nichts mehr im Wege. In einem Park legte er Prinzengewand und Schmuck ab und vollzog an sich selbst die Mönchsweihe, indem er mit fünf Handgriffen sein Haupthaar ausriß.

Zwölf Jahre lang zog Vardhamana daraufhin als Asket durchs Land. Bereits nach dreizehn Monaten hatte er sich seiner Kleider entledigt und war von da an nur noch nackt gegangen. Durch diese harte Askese war es ihm gelungen, alle Leidenschaften zu beruhigen. Endlich erlangte er unter einem Sal-Baum die Allwissenheit.

Nach diesem wichtigen Ereignis in seinem Leben begann Vardhamana mit der Lehrtätigkeit eines Wanderpredigers, stets begleitet von einer großen Jüngerschaft. Überall, wo er verweilte, gab er Unterweisungen in den drei Kleinodien der Jaina-Lehre, die da sind: Rechte Erkenntnis (des religiös-philosophischen Systems des Jainismus), Rechter Glaube (an die Worte des Mahavira) und Rechter Wandel.

Der Überlieferung nach soll der Meister *„im zweiundsiebzigsten Lebensjahr am 14. Tage der dunklen Hälfte des Monats Karttika (Oktober – November), also um das Jahr 477 v. Chr., in Pavapuri gestorben sein."* Das war etwa sechs Jahre nach dem Tod Buddhas.

Laien und Mönche

Für Mönche wie Laien der Jainas gelten die fünf Gebote: kein lebendes Wesen absichtlich zu töten oder zu verletzen, nicht zu lügen, nicht zu stehlen, keusch zu leben und mit dem Herzen nicht an weltlichen Dingen zu haften.

Für den Laien gibt es zudem drei Verpflichtungen: (1) Die Reisen in jede Himmelsrichtung nur bis zu einem bestimmten Punkt (z. B. dem

Himalaya im Norden) auszudehnen. (2) Der Laie verpflichtet sich, nur eine bestimmte Anzahl von lebensnotwendigen Dingen zu gebrauchen, andere aber zu meiden. Dieses Gelübde umfaßt auch die Einhaltung der Speisegebote, nach welchen nichts genossen werden soll, das durch die Schädigung von lebenden Wesen erlangt wird, und untersagt eine Reihe von Beschäftigungen, bei deren Ausübung Wesen verletzt werden können. (3) Weiterhin geht der Laie die Verpflichtung ein, sich von allem Schädlichen fernzuhalten, weder jemandem Böses zu wünschen, noch andere zu Schlechtem zu veranlassen, weder Waffen oder andere Dinge zu verwenden, durch welche Verletzungen hervorgerufen werden, noch leichtsinnige Handlungen zu begehen.

Daß ein Jaina vegetarisch lebt, ist eine Selbstverständlichkeit – dazu braucht es keiner Verpflichtung. Ein Jaina hat aber vier Gelöbnisse abzulegen: (1) Er gelobt, einen oder mehrere Muhurtas (1 Muhurta = 48 Minuten) täglich in gleichmütiger Ruhe zu meditieren. Dies soll morgens, mittags und abends geschehen. (2) Er gelobt, für eine bestimmte Zeit gewissen Grenzen (Haus, Dorf usw.) nicht zu verlassen, gewisse Dinge, Speisen usw. nicht zu verwenden. (3) Er gelobt, an gewissen Tagen (gewöhnlich viermal im Monat) 24 Stunden hindurch zu fasten und als Mönch zu leben. (4) Er gelobt, den Gästen, besonders den Mönchen, das zu spenden, dessen sie bedürfen und wozu sie berechtigt sind.

Wünscht ein Laie in den Mönchsstand einzutreten, so muß er den Weg der elf Pratimas gehen: (1) Glaube an die Tirthamkaras, die rechten Gurus und die Jaina-Lehre. (2) Genaue Befolgung der Gelübde. (3) Dreimal täglich Meditation. (4) Fasten am Vollmond- und Neumondstag und am achten und vierzehnten Tag jeder Hälfte des lunaren Monats. (5) Enthaltsamkeit vom Genuß frischen Vegetabilien. (6) Vermeiden jeden Essens und Trinkens zwischen Sonnenuntergang und Sonnenaufgang. (7) Vermeidung des Geschlechtsverkehrs, auch mit der eignen Frau. (8) Aufgeben aller weltlichen Betätigungen, die irgendwie die Verletzung lebender Wesen zur Folge haben könnten. (9) Aufgeben des Besitzes (durch Verteilung an Kinder oder andere), Verzicht auf die Dienste des Hausgesindes u. ä. (10) Verzicht auf regelrecht für ihn zubereitetes Essen und Genuß nur von dem, was andere ihm geben, oder was übrig bleibt. (11) Schließlich wird die Mönchstracht angelegt, danach die Einsamkeit oder ein Tempel zur Meditation aufgesucht.

Für den Mönchsstand gibt es wesentlich strengere Regeln als für das Laientum: (1) Der Mönch muß aufs Ängstlichste bestrebt sein, auch unbeabsichtigt kein lebendes Wesen zu töten. Dazu sollte er mit einem Besen vor sich den Weg fegen, um nicht aus Versehen ein Kleinstlebewesen zu zertreten. Er sollte eventuell eine Binde um den Mund tragen, damit er keine Insekten einatmet und diese dadurch getötet werden. Außerdem sollte er sein Trinkwasser mit einem Sieb filtern, denn auch im Wasser sind oft kleine Lebewesen vorhanden. (2) Er hat alle seine Worte aufs genaueste zu prüfen, so daß er auch nicht unbeabsichtigt oder im Scherz etwas Unwahres sagt. (3) Er darf nicht nur nichts nehmen, das ihm nicht gegeben wird, sondern er muß, selbst wenn ihm etwas angeboten wird, noch besonders um die Erlaubnis bitten, es nehmen zu dürfen. (4) Er muß nicht nur vollkommene Keuschheit bewahren, sondern muß auch alle Gedanken und Gespräche über geschlechtliche Dinge meiden und allem, was ihn irgendwie in Versuchung führen könnte, aus dem Wege gehen. (5) Er muß allen Besitz aufgeben und allem Weltlichen, Personen wie Sachen, gleichgültig gegenüberstehen.

Die beiden Konfessionen und ihre Schriften

Wer Indien besucht, der sollte es nicht versäumen, sich zu einem Jaina-Tempel durchzufragen. Obwohl die Jaina-Gemeinde zahlenmäßig klein ist (im Verhältnis gesehen zur Gesamtbevölkerung Indiens), so verfügt sie doch über eine Fülle von Tempeln, die vor allem in Rajasthan und Gujurat richtige kleine Tempelstädte bilden. Wenn man einmal eine dieser Weihestätten besichtigt hat, wird man überwältigt sein von der Zauberwelt der Jainas und zugeben, selten etwas so Wunderbares gesehen zu haben.

Die Wände der Tempelhallen sind häufig ausgefüllt mit bildlichen Darstellungen von Stationen im Leben des Mahavira. Dabei werden auch manchmal Fresko und Mosaik miteinander kombiniert, und kleine farbige Spiegelstücke zwischen den Darstellungen und um rundbogige Durchgänge, die in Kapellen und Zellen führen, erhöhen noch dazu den dekorativen Effekt. Überhaupt ist die Mannigfaltigkeit von verschiedenen Techniken verblüffend, denen sich Jaina-Künstler bei der Gestaltung ihrer heiligen Stätten bedienen. Eine sehr beliebte Darstellung in Fresko ist auch die Erdkarte mit dem kreisförmigen Kontinent Jambudvipa, den Ringmeeren und Ringkontinenten. Das Material für die Tirthamkara-Statuen ist Marmor oder Silber; nicht selten wird auch Gold verwendet. Einmal sah ich sogar die Statue eines Tirthamkara, die aus Bergkristall geschliffen war. Augenscheinlich ist auch die Reinheit der Jaina-Tempel. Die Marmorböden sind spiegel-

Darstellung eines Tirthamkara (Jainismus) auf einer Säule in Kutab bei Delhi (als Beispiel dafür, wie leicht man einen Tirthamkara und einen Buddha miteinander verwechseln kann).

blank poliert. Und die Tirthamkara-Statuen werden allmorgendlich mit Milch abgewaschen (wie man mir in einem kleinen Jaina-Tempel in der Altstadt von Delhi versicherte).

In früheren Zeiten wurden häufig Jainismus und Buddhismus mit einander verwechselt oder als identisch angesehen. Rein äußerlich gibt es in der Tat ein paar Ähnlichkeiten zwischen beiden Religionen. Die Statuen der Tirthamkaras, die weltentrückt in Meditationshaltung in den Tempelhallen der Jainas ruhen, sind bei oberflächlicher Betrachtung leicht mit denen der Buddhas zu verwechseln. Da kann es schon geschehen, daß ein Tourist in Indien einen Jaina-Tempel, zu dem er zufällig und unvorbereitet gelangt ist, für eine Einrichtung des Buddhismus hält. (Ich habe einmal erlebt, wie buddhistische Pilger aus Tibet in einem Jaina-Tempel durch zahllose Niederwerfungen der vermeintlichen Buddha-Statue ihre Verehrung darbrachten.) Charakteristisch für das Bild eines Tirthamkara ist die Nacktheit – während Buddha stets mit faltigem Mönchsgewand dargestellt wird. Ferner fehlt bei einem Tirthamkara die Ushnisha, ein von Locken verdeckter Schädelauswuchs, der auf die Erleuchtung Buddhas hinweisen soll. Kaum Gemeinsamkeiten zwischen Buddhismus und Jainismus gibt es auf philosophischer Ebene. Genau wie die Hindus lehren die Jainas die Existenz von ewigen, immateriellen Seelen. Der Buddhismus aber vertritt in keiner Weise solche Anschauungen. Außerdem haben natürlich Buddhismus und Jainismus verschiedene heilige Schriftwerke hervorgebracht.

Die Geschichte der Jaina-Schriften, so wie sie heute vorliegen, geht auf Ereignisse ab dem zweiten Jahrhundert nach Mahaviras Tod zurück, die zu einer Spaltung der Gläubigen dieser Religion in zwei große Konfessionen geführt haben. Überliefert wird, daß zur Regierungszeit des Maurya-Kaisers Candra Gupta in Magadha (heute Bihar), wo einst Mahavira gelehrt hatte und wo auch die ersten Jaina-Gemeinden beheimatet waren, große Hungersnöte entstanden, so daß ein Teil der Jainas beschloß, auszuwandern. Unter Führung von Bhadrabahu nahmen sie ihren Weg nach Maisur im Süden.

Der des gesamten Jaina-Kanons kundige Bhadrabahu verließ bald darauf Maisur, um in die Einsamkeit zu gehen. Wie es scheint, war das einer der Gründe, weshalb bei den Jainas im Süden die Originalversion des Kanons schnell verlorenging.

Bedingt durch die räumliche Trennung prägten sich zwischen beiden Gemeinden immense Gegensätze aus: Während die Jaina-Mönche im Süden nach dem Vorbild ihres Heilkünders Mahavira weiterhin nackt gingen, kam bei den Jainas in Magadha die Gewohnheit auf, weiße Gewänder zu tragen; jene im Süden huldigten immer strengerer Askese, bei den Nördlichen entstanden hingegen freiere Auffassungen vom mönchischen Leben.

Nachdem die Gemeinden wieder zusammen gekommen waren, stellte man fest, daß zwei unterschiedliche Ausdrucksformen der Jaina-Religion entstanden waren. Dies führte im 5. Jahrhundert nach Mahaviras Tod schließlich zu einem Schisma, aus welchem zwei Konfessionen hervorgingen: die Digambaras, die sogenannten *„Luftgekleideten"*, und die Shvetambaras, d. h. die *„Weißgekleideten"*.

Die in Magadha verbliebenen Jainas hatten unter der Leitung Sthulabhadras, eines Schülers von Bhadrabahu, ein großes Konzil einberufen, bei dem sich herausstellte, daß die zwölfte Sammlung der Anga-Texte des Jaina-Kanons, nämlich die vierzehn Purvas, nicht mehr vorhanden waren. Aus diesem Grund schickte man eine Delegation von Mönchen nach Nepal, wo sich zu der Zeit gerade der weise Bhadrabahu aufhielt, um zu meditieren. Dieser nahm die Einladung der Mönche, auf dem Konzil in Pataliputra über die Purvas zu sprechen, nicht an. Er gab lediglich seinem vertrauten Schüler Sthulabhadra Unterweisungen in den betreffenden Texten; jedoch erlaubte er nicht, die Texte in gesamtem Umfang weiterzugeben. Infolgedessen fehlten von da an vier Werke der Purvas. In der Zeitspanne von sieben Lehrgenerationen ging dann auch der Rest der Purva-Sammlung verloren. Alle anderen Werke blieben aber erhalten. Auf den Konzilen von Valabhi und Mathura in den Jahren 980 und 993 nach Mahaviras Tod nahm der Kanon der Shvetambaras schließlich seine heutige Gestalt an. Diese Schriftensammlung setzt sich aus 45 Einzelwerken zusammen, die in sechs Abteilungen gegliedert sind: Der Kanon beginnt mit den elf Sammlungen der Angas (die Purvas als zwölfte Sammlung sind, wie gesagt, verlorengegangen); es handelt sich um Anweisungen für Asketen und Mönche, um Aufzählungen und Erläuterungen der Hauptbegriffe der Lehre, um Verbote und Gebote; hinzu kommen zahlreiche Legenden und Erzählungen, die dazu dienen, die aufgestellten Regeln zu illustrieren. Es folgen die zwölf Werke der Upangas, die sich mit Astronomie und Geografie, mit Eigenschaften und Formen der Lebewesen und ähnlichem beschäftigen. Das Prakirna enthält zehn Werke über Gebete und Beichtvorschriften, Embryologie und Anatomie, Astronomie und Aufzählungen von Gottkönigen und der Namen Mahaviras. Die sechs Cheda-Sutras stellen die Mönchsdisziplinen auf. Die zu Abteilung fünf geordneten Sutras Nandi und Anuyogadvara handeln von verschiedenen Wissenschaften. Und die Mula-Sutras, die den Kanon abschließen, umfassen Lehrschriften für Anfänger im Mönchsstand, Regeln für das Asketenleben und Vorschriften über den Almosenempfang der Asketen.

Die Digambaras erkennen diesen Kanon, der während der Konzile von Valabhi und Mathura definitiv geschlossen wurde, nicht an. Nach ihrer Auffassung war Bhadrabahu der letzte Jaina-Gelehrte, der über eine umfassende Kenntnis des alten Kanons verfügte. Im Laufe der Jahrhunderte seien die Schriften dann nach und nach verlorengegangen, und mit dem Tod eines Gelehrten namens Bhutavalyacarya sei die Kenntnis des Kanons vollständig erloschen.

Das Schriftgut der Digambaras stützt sich nach ihrem eigenen Verständnis auf Überlieferungen, welche auf Schriften des verlorengegangenen Kanons zurückzuführen sind. Diese Literatursammlung besteht aus 24 Einzelwerken, die sich in zwei Abteilungen gliedern: Erstens, die *Angas.* Sie sind einmal unterteilt in die fünf Parikarmas, die sich mit Geografie, Astronomie u. ä. beschäftigen, und zum anderen in die fünf Culikas, die von magischen und übersinnlichen Dingen handeln. Die zweite Abteilung, *Angabahya,* enthält verschiedenste Vorschriften wie Tempelkult, Beichte, Zucht, Regeln des Asketenlebens, Disziplinarvorschriften, Mittel zur Reinigung der Seele etc.

Die Jainas sind heute bemüht, die Kluft zwischen den beiden Konfessionen ihrer Religion zu überwinden, indem sie sich mehr auf ihre Gemeinsamkeiten stützen, nämlich auf die von Mahavira verkündete Lehre. Auch bei den Digambaras haben sich lange schon freiere Auffassungen des religiösen Lebens ausgeprägt. Die Nacktheit ist bei ihnen allgemein nicht mehr üblich; sie wird nur noch von einsiedelnden Asketen und bei den Pujas praktiziert. In den Tempeln gibt es dazu für Frauen und Männer getrennte Gebetsräume.

Moderne Jaina-Theologen haben die traditionelle Welthistorie der Jaina-Lehre zum Teil revidiert. Nach wie vor sieht man jedoch in allen 24 Tirthamkaras historische Persönlichkeiten. Was man auch zu beweisen versucht. Dr. Nagendra Natha Basu verweist darauf, daß der

22. Tirthamkara Neminatha als Cousin Krishnas gilt: Da Krishna als historisch angesehen werde, gäbe es keinen Grund, an Neminathas Geschichtlichkeit zu zweifeln. In dieser Weise werden die unterschiedlichsten Bezüge hergestellt. Schließlich setzt Prof. S. Srikantha Sasti für den Beginn der Jaina-Tradition das Jahr 20.000 vor Christi an.[13]

Daß der Jainismus in der Tat uralt, ja eine der ältesten lebendigen Religionen der Welt ist – daran wenigstens kann es keine Zweifel geben.

Buddhismus

Buddha und Mahavira, der Verkünder des Jainismus, waren nicht nur Zeitgenossen, sie lebten und wirkten auch beide in Magadha, dem heutigen Bihar, und beide hatten sie den Herrscher des Landes, König Bimbisara, zum Freund und Gönner. Zwischen den Lehren des Buddha und des Mahavira gab es Unterschiede auf philosophischer Ebene. Verschieden waren auch ihre Ansichten über die Art und Weise, wie der Weg zur Befreiung aus dem durch Unwissenheit bedingten, leidvollen Existenzenkreislauf (Samsara) zu beschreiten ist: Mahavira war der Auffassung, daß nur härteste Askese das an Samsara bindende Karma aufsprengen kann; Buddha lehrte, daß einzig und alleine ein Weg jenseits der Hingabe an die Lust der Sinnesfreuden und jenseits der Hingabe an die Selbstpeinigung dazu geeignet ist, dem Samsara zu entkommen. Gemeinsamkeit gab es bei beiden spirituellen Lehrern in zwei Dingen. Es war einmal der Glaube an die Verwandtschaft allen Lebens dieser Welt und zum anderen der Glaube an die Kraft des Mitgefühls.

Jahrhunderte nach dem Erscheinen Buddhas wurde ein Text niedergeschrieben, der die Universalität und Göttlichkeit der Buddha-Natur – wie sie sich manifestiert in der Gestalt eines historischen Buddha – menschlich begreiflich machen sollte. Dieser Text, der als *Tönpa'i Namthar Chenpo* (Die Große Biografie des Lehrers) ins Tibetische übersetzt wurde, beschreibt in zwölf Kapiteln Buddhas zwölf wichtige Taten, zu denen die Herabkunft aus dem Tushita-Himmel als weißer Elefant (1), die vollkommene Erleuchtung (10) und das Antreiben des Rades der Lehre (11) gehören. Wesentlich älter sind in Pali-Sprache abgefaßte Texte, die Jugend und Asketenleben Buddhas beschreiben und ihn schließlich als spirituellen Lehrer darstellen, so, wie ihn seine Jünger erlebt haben.

Buddha und seine Lehre

Die Heimat Buddhas, das Shakya-Land, lag im Süden des heutigen Königreichs Nepal. Dort wurde Buddha als Siddhartha Gautama wahrscheinlich Mitte Mai des Jahres 563 vor Christi geboren. Siddharthas Vater, Suddhodhana, war zwar von Adel, und in der Überlieferung wird er *„Raja"* genannt, seines Amtes war er jedoch nur Gouverneur jener halbsouveränen Republik Shakya, die unter der Oberaufsicht des Königs von Kosala stand. Hauptstadt von Shakya war Kapilavastu.

Die Erziehung Siddharthas oblag seiner Tante Prajapati, da seine Mutter Maya wenige Tage nach der Entbindung gestorben war. Mit sechzehn Jahren heiratete Siddhartha eine gleichaltrige Cousine; es dauerte dreizehn Jahre, bis dem Paar ein Sohn geboren wurde, der den Namen Rahula erhielt.

Siddharthas Leben am Hof seines Vaters war ohne Sorgen. Bis er heimliche Ausflüge in die Stadt unternahm. Dabei begegnete er einem Aussätzigen, einem gebückten Bettler, und schließlich wurde er Zeuge einer Totenzeremonie. Siddhartha war tief erschüttert. Von nun dachte er viel nach über das menschliche Dasein, das von Krankheit und Vergänglichkeit gezeichnet ist. Das Leben am Hof wurde ihm schal, und er suchte nach Möglichkeiten, sich seinem Schicksal als Adliger zu entziehen. Da lernte er in der Stadt einen Asketen kennen, der der Welt entsagt hatte und in die Hauslosigkeit hinausgezogen war. Der Asket wurde Siddharthas Vorbild. Eines Nachts verließ er heimlich den Hof und seine Familie, um sich als Bettelmönch auf die Suche nach dem Erlösungsweg aus dem Samsara zu begeben.

Siddhartha nahm seinen Weg nach Südosten, überquerte den Ganges und gelangte ins Königreich Magadha. Hier fand er zu zwei spirituellen Lehrern. Von einem, Arada Kalama, wurde er in das System des Yoga eingeführt, und Udraka Ramaputra, der andere Lehrer, unterwies Siddhartha in den philosophischen Doktrinen, die in den Upanishaden niedergelegt sind. Mit beiden Lehrmeistern war Siddhartha jedoch nicht zufrieden, und so zog er sich als Walderemit zurück, um Askese zu üben. Hier schlossen sich ihm fünf andere Asketen an, die Siddharthas entschlossene Selbstkasteiung bewunderten. Doch eines Tages stellte Siddhartha fest, daß Askese nur den Körper schwächt und damit auch den Geist in Mitleidenschaft zieht. Er nahm jetzt wieder ausreichend Nahrung zu sich und begann zu meditieren. Die fünf Asketen wandten sich daraufhin enttäuscht von ihm ab.

Endlich, zwischen April und Mai des Jahres 528 v. Chr., fand er in dem Wald bei Uruvela, wo er sich als Asket zurückgezogen hatte, unter einem Banyan-Baum während einer langen Meditation die Erleuchtung und wurde zum Buddha, zum Erwachten. Über seine Erkenntnis, die er in eine Lehrrede geformt hatte, unterrichtete er zuerst zwei Kaufleute, die vorbeikamen und dem Buddha Speisen anboten. Darauf beschloß er, jene fünf Asketen zu suchen, die ihn verlassen hatten, um auch ihnen die Lehre zu verkünden.

Buddha wanderte nach Benares am Ganges, das damals schon als

Sarnath, ein heiliger Ort für Buddhisten und Jainas. Hier verkündete Buddha die „Vier Edlen Wahrheiten", wovon der monumentale Stupa kündet, und hier wurde Ishvara, der 11. Tirthamkara, geboren, woran der Jaina-Tempel (rechts der Bildmitte, vor den Bäumen) erinnert.

alte Metropole galt. Ein Stück außerhalb der Stadt, im Tierpark Sarnath, traf er seine ehemaligen Gefährten und Mitasketen wieder. Sie müssen von der Ruhe, die Buddha ausstrahlte, tief beeindruckt gewesen sein; eigentlich hatten sie ja beschlossen, mit diesem „schwach" gewordenen Asketen nicht mehr zu verkehren, doch nun ließen sie sich zu seinen Füßen nieder und hörten ihm zu.

Buddha erklärte zunächst recht eingängig, weshalb der Weg der Askese ebenso falsch ist wie ausschließlich eine Hingabe an die Sinnesfreuden. Dann trug er seine *Lehre von den Vier Erhabenen Wahrheiten* vor:

„Dies, Mönche, ist die Erhabene Wahrheit des Leides. Geburt ist Leid. Krankheit ist Leid. Der Todesmoment ist Leid. Unannehmlichkeiten zu begegnen, ist Leid. Von Angenehmen getrennt sein, ist Leid. Nicht zu finden, was man begehrt, auch das ist Leid. Kurz: Die fünf Aggregate des Ergreifens sind Leid.

Dies, Mönche, ist die Erhabene Wahrheit des Entstehens des Leides. Es ist die krankhafte Gier nach Lust; an diesem und jenem seine Lust haben. So ist es zu sehen: Es ist die leidenschaftliche Lust, der Durst nach Samsara, der Durst nach Vernichtung.

Dies, Mönche, ist die Erhabene Wahrheit vom Vergehen des Leides. Es ist eben das Sichtrennen von jenem Durst, vollständig, und von je-

ner Gier. Das Vergehen. Sich verändern im Einzelnen. Freisein. Ohne sich zu fürchten vor dem Freisein.

Dies, Mönche, ist die Erhabene Wahrheit vom Weg des Vergehens von Leid. Es ist der Erhabene, achtfach gegliederte Weg. So ist es zu sehen: die Rechte Sichtweise, die Rechte Denkweise, die Rechten Worte, die Rechte Tat, die Rechte Lebensweise, die Rechte Anstrengung, die Rechte Besinnung, die Rechte Versenkung."

Damit hebt sich Buddha deutlich ab von den herkömmlichen Doktrinen, wie sie das Veda und vor allem das Vedanta lehrt. Nicht die Maya, jene Kraft, die vom höchsten Prinzip ausgeht, ist der Motor für Samsara, jenem leidvollen Existenzenkreislauf, sondern unsere eigenen emotionalen und intellektuellen Verwirrungen und Verstörungen. Mit anderen Worten: Wir selbst produzieren Samsara, aber wir wissen es nicht.

Andererseits liegt es in unserer – und nur in unserer! – Macht, Samsara zu überwinden.

Diese Erkenntnis hatte weitreichende Konsequenzen. Buddha konnte nicht nur das Konzept der Maya durch seine *Vier Erhabenen Wahrheiten* ersetzen, er mußte gleichfalls dem Seelenglauben entgegentreten und damit auch den Glauben an ein höchstes Prinzip aufgeben (ob als oberster Gott oder als Weltseele). Das bedeutete aber, die gesamte herkömmliche Philosophie zu revidieren. Buddha tat dies mit aller Entschiedenheit.

Seine Sichtweise hatte auch nichts gemein mit jenen Ansichten der Jainas von einer unveränderlichen Welt. Die Welt ist nicht statisch, sondern dynamisch nach dem Prinzip von Ursache und Wirkung. Und diesem Kausalitätsgesetz unterliegen selbstverständlich auch die Lebewesen ganz und gar. Sie haben in sich kein unwandelbares Etwas (wie etwa eine Seele).

Das menschliche Individuum – lehrt Buddha – wird gebildet von fünf *Skandhas* (den fünf *„Aggregaten des Ergreifens").* Diese sind Körper, Empfindung, Wahrnehmung, Gestaltungskräfte und Bewußtsein. Die empirische Person besteht also aus einem grobstofflichen und vier subtilen Aggregaten, die der Reihenfolge nach in „Dichtigkeit" ab- und dementsprechend in Beweglichkeit und Vergeistigung zunehmen. Eine Seele aber, die die fünf Skandhas verbindet, ist nicht zu finden. Sie ist für die Funktion eines Geburtenkreislaufes auch nicht notwendig. Zwar löst sich mit dem Tod dieses System von Skandhas auf, jedoch geht eine Nachwirkung davon aus, die einen Lebenskeim setzt. Das, was also Existenz A mit Existenz B in Bezug bringt, ist Konditionalität. Folgender Mechanismus wird nämlich in Gang gebracht:

Durch Karma (Tat + Wirkung) haben sich Gestaltungskräfte (Skandha Nr. 4) aktiviert, welche subtile Anlagen in den tiefen Bereichen des Bewußtseins hinterlassen. Und diese *„Karma-Anlagen“* müssen zwangsläufig abgebaut werden, wie es das Gesetz von Ursache und Wirkung verlangt. Dazu braucht es aber eine neue Existenz.

Aus diesem Zusammenhang heraus formulierte Buddha seine Lehrrede von den Ursachen; sein Anliegen dabei war, die karmische Wirkung auf der individuellen Ebene zu verdeutlichen:

„So ist es zu sehen: Wenn dieses ist, entsteht jenes. Wenn dieses hervorgetreten ist, tritt jenes hervor. So wie durch Unwissenheit als Ursache die Gestaltung (entsteht), durch die Gestaltung als Ursache das Bewußtsein (entsteht), durch das Bewußtsein als Ursache Name und Form (entstehen), durch Name und Form als Ursache die sechs Sinnesquellen (entstehen), durch die sechs Sinnesquellen als Ursache die Berührung (entsteht), durch die Berührung als Ursache die Gefühle (entstehen), durch die Gefühle als Ursache der Durst (entsteht), durch den Durst als Ursache das Ergreifen (entsteht), durch Ergreifen als Ursache die Existenz (entsteht), durch die Existenz als Ursache die Geburt (entsteht). (Und) durch die Geburt als Ursache (entstehen) Alter, Sterben, Kummer, Leid, Unglück und Erschütterung. Diese ganze Leidensmasse kommt zustande. So ist es zu sehen.“

Am Anfang der zwölfteiligen Ursachenkette steht die Unwissenheit. Unter der Macht von Unwissenheit (d. h. der Wurzel der drei Geistesgifte: Gier, Haß und Verblendung) werden Handlungen begangen, von denen karmische Nachwirkungen ausgehen, die letztendlich Samsara entstehen lassen.

Besonders unter Gelehrten aus dem Westen wurde die Lehre von den Ursachen als schwer deutbar angesehen; in Tibet jedoch war die Bedeutung dieser Lehrrede zumindest in ordinierten Kreisen dank bildlicher Darstellung ihrer einzelnen Glieder stets geläufig. (Davon an anderer Stelle mehr.)

Aus Buddhas Sichtweise ergab sich noch eine andere Konsequenz: Wenn die Welt dynamisch ist, so hat sie auch keinen universellen Wesenskern, das heißt, sie existiert nicht inhärent; gleiches gilt für die Individuen, die in ihr agieren. Und das bedeutet: der eigentliche Zustand aller Erscheinungen ist reine Potentialität. (Eine Erkenntnis, die der Auffassung moderner Physik erstaunlich nahe kommt.) Erst einige Jahrhunderte nach Buddha kam in diesem Zusammenhang der Sanskritbegriff *„Shunyata“* auf, den man mit *„Leerheit“* ins Deutsche übersetzt hat. Leider ist diese Übersetzung von *„Shunyata“* (eigentlich

„Nicht-Selbst“ oder *„Nicht-inhärent-existierend“* etc.) nicht besonders glücklich gewählt, was oft zu Mißverständnissen über buddhistische Philosophie führt.

Aus der Sicht von *„Shunyata“* ist alles relativ. Was natürlich auch bedeutet, daß die *Vier Erhabenen Wahrheiten* und die Lehre von den Ursachen nur Glieder sind auf dem Weg der Erkenntnis von Shunyata, der – wenn man so will – Höchsten Wahrheit.

Als Buddha mit achtzig Jahren am Ufer des Flusses Hiranyavati bei Kusinara verstarb, war er bereits eine Legende. Mit seiner Familie hatte er sich längst ausgesöhnt, und sein Sohn Rahula war einer seiner Schüler geworden. Auf dem Sterbebett am Hiranyavati-Fluß sagte er zu Ananda, seinem vertrautesten Jünger: *„Es möchte sein, Ananda, daß ihr also gedenkt, das Wort hat seinen Meister verloren, wir haben keinen Meister mehr. So müßt ihr nicht meinen, Ananda. Die Lehre, Ananda, und die Ordnung, die ich euch gelehrt und verkündet habe, das ist euer Meister, wenn ich hingegangen bin.“* Danach gab er der Mönchsgemeinde, die sich um ihn versammelt hatte, noch einmal die Gelegenheit, ihm Fragen zu stellen. Doch alle ringsum schwiegen voller Trauer. Da erhob sich der Buddha ein letztesmal und rief die Jünger an: *„Wohlan, ihr Mönche, ich beschwöre euch: Vergänglich ist jegliche Gestaltung; ringt ohne Unterlaß!“* Dann sank er zurück und schlief ein. Hinterlassen hatte der Buddha eine feinsinnige Lehre, einen festgefügten Orden von Mönchen und Nonnen und zahlreiche Gemeinden von Laienanhängern.

Wie berichtet wird, gab Buddhas Jünger Mahakashyapa, der auf der Reise von Pava nach Kusinara überraschend vom Tod seines Meisters erfahren hatte, den Anstoß zu einem Konzil, bei dem die Lehre Buddhas geordnet werden sollte, um sie der Nachwelt zu erhalten. Mahakashyapa soll gesprochen haben: *„Freunde, wir müssen sicherstellen, daß die Lehren und Verordnungen in die richtige Fassung gebracht werden, um zu verhindern, daß falsche Doktrinen entstehen, während die richtigen verfallen, daß falsche Verordnungen aufgestellt werden, während die richtigen beseitigt werden, daß die Verbreiter der falschen Lehren gestärkt werden, während die der Wahrheit geschwächt werden, um zu verhindern, daß die Lehrer der falschen Verordnungen die Macht ergreifen, während die Lehrer der richtigen Verordnungen sie verlieren.“* In der Höhle Saptaparna bei Rajagaha fand schließlich das Konzil statt, zu dem 500 ältere Mönche delegiert wurden.

Der Kanon, der aus dieser Mönchsversammlung bei Rajagaha hervorgegangen war, wurde erst Jahrhunderte später in Shri Lanka in

Pali-Sprache schriftlich fixiert und bildet heute die Grundlage des Theravada, eine der drei großen Hauptströmungen des Buddhismus, die vor allem in Süd-Asien verbreitet ist. Dieser Kanon wird auf Grund seiner Dreiteilung (Vinaya, Dhamma und Abhidhamma) Tripitaka *(„Dreikorb“)* genannt.

Der Buddhismus und das Alte Indien

Die Gründe für das zweite buddhistische Konzil, das rund hundert Jahre nach Buddhas Tod in Vaishali stattfand, waren Meinungsverschiedenheiten innerhalb des buddhistischen Mönchsordens über insgesamt zehn Punkte der Ordenszucht und über die Art und Weise der Darlegung der Lehrreden Buddhas. Da es bei dem Konzil zu keiner Einigung kam, sonderten sich 10.000 Mönche ab, die ein besonderes Konzil, das sogenannte *„Große Konzil“* (Mahasangiti), einberiefen und sich fortan Mahasanghika nannten. Innerhalb der Mahasanghikas prägten sich fünf Hauptschulrichtungen aus; bei den *„Thera“*, den Anhängern der orthodoxen Richtung, kam es ebenfalls zu Spaltungen. Zweihundert Jahre nach Buddhas Tod gab es insgesamt achtzehn Schulen und Sekten innerhalb der buddhistischen Mönchsgemeinschaft.

In diesen zweihundert Jahren, die dem Auftreten Buddhas in Magadha folgten, löste ein skrupelloser Despot den anderen ab. König Bimbisara, der Freund und Gönner Buddhas (der übrigens auch des öfteren Buddha an den Hof zum Essen eingeladen hatte) war von seinem machthungrigen Sohn, Ajatashatru, ermordet worden. Nach Ajatashatru kamen noch vier Könige hintereinander durch Vatermord an die Macht.

Die herrschende Staatsmaxime dieser Zeit kommt anschaulich in dem Staatslehrbuch *Artha-Shastra* zum Ausdruck, das der Brahmane Kantalya verfaßt hat. Kantalya empfiehlt darin u. a. den Ausbau eines Netzes von Geheimagenten, die, um die Sicherheit der Staatsmacht zu garantieren, alles öffentliche Leben kontrollieren und die Feinde im Ausland schwächen sollen. Dieser Geheimpolizei wird zur Durchsetzung ihrer Aufgaben auch Mord, Gift, Intrigen und Sabotage empfohlen.

Der dritter Nachfolger von Ajatashatru war Shishunaga, der durch seine Eroberungen den Herrschaftsraum Magadhas weit nach West-Indien hin ausdehnte. Ihm folgte Kakavarna, während dessen Thronzeit jenes zweite buddhistische Konzil stattfand. Kakavarna wurde 364

v. Chr. von Mahapadma gestürzt. Mahapadma begründete die Nanda-Dynastie, aus der noch acht weitere Könige hervorgingen. Den letzten von ihnen stürzte um 320 (kurz nach dem Feldzug Alexanders von Mazedonien) Candra Gupta von den Maurya. Im Jahre 293 wurde dieser von seinem Sohn Bindusara abgelöst, der nur fünf Jahre regierte. Dann endlich betrat Kaiser Ashoka die Bühne der Weltgeschichte. Während der dreißig Jahre seiner Regierung ging die Saat auf, die zweieinhalb Jahrhunderte vorher Buddha in den indischen Boden gepflanzt hatte.

Seine politische Laufbahn begann Ashoka, der Sohn des Bindusara, als Gouverneur von Taxila. Im Jahre 268 v. Chr. trat er die Thronnachfolge in Magadha an. Sein Machthunger übertraf sogar noch den seiner Vorgänger. Doch einmal, während seines Feldzuges gegen Kalinga an der indischen Ostküste (heute Orissa), wurde er Zeuge einer Schlacht. Die grausigen Bilder, die er dabei sah, schnitten sich tief in sein Bewußtsein ein und ließen ihn solange er lebte nicht mehr los. Er schwor jeglicher Gewalt ab und verwarf auch die Staatsmaxime des Artha-Shastra. Schließlich zog er sich ganz aus dem öffentlichen Leben zurück und fand zur Lehre Buddhas. Zwei Jahre nach dem Krieg gegen Kalinga begab er sich zu Fuß auf eine 256tägige Wallfahrt zu den heiligen Stätten des Buddhismus. Unter anderem besuchte er Sarnath und Lumbini, den Geburtsort Buddhas im heutigen Nepal. Nach seiner Rückkehr organisierte er in der Hauptstadt des Reiches, Pataliputra, ein großes buddhistisches Konzil. Es war das dritte nach Buddhas Tod.

Erdhügel-Stupa in Lumbini, dem Geburtsort Buddhas.

Im Staatswesen vollzog sich zu dieser Zeit ein fundamentaler Wandel. Ashoka schaffte die Institution Krieg in seinem Reich ab und erhob den Pazifismus zur Staatsmaxime. Nach außen verfolgte er eine Politik der friedlichen Diplomatie; er entsandte in alle damals bekannte Staaten Botschafter, die die Herrscher aufforderten, sich Ashoka in Frieden und Freundschaft anzuschließen. Die Rüstungsgelder verwendete er zur Wohlfahrt seines Volkes, als dessen erster Diener er sich sah. (*„Alle Menschen sind meine Kinder ...“,* begann er einmal eine Denkschrift.) Durch insgesamt vierzehn Edikte, die er in Stelen meißeln und überall in seinem Reich aufstellen ließ, gab er seinem Volk eine Verfassung, und er schuf damit den ersten Rechtsstaat in der Menschheitsgeschichte. Mit dem ersten Edikt wurde der Schutz des Lebens garantiert; untersagt war es auch, Tiere bei kultischen Handlungen zu opfern. Das zweite Edikt hatte die Gesundheit des Volkes und die Ökologie zum Inhalt. Zweierlei Krankenhäuser wurden im Reich errichtet, für Menschen und für Tiere. Die Kosten der medizinischen Betreuung trug der Staat. Entlang der Handelsstraßen wurden Alleen gepflanzt, es entstanden Raststätten, Heilkräuter wurden angebaut, neue Obstplantagen angelegt und Brunnen gegraben. Mit dem dritten Edikt ging ein Erlaß an die Staatsbeamten, alle fünf Jahre die Provinzen des Reichs zu inspizieren. Dabei sollte nicht nur das Volk nach seinen Wünschen und Nöten befragt, sondern auch jegliche Form von Korruption aufgedeckt werden. Zuweilen begab sich der Kaiser selbst unter sein Volk, um sich über die Lage im Land zu informieren; Kritik am Kaiser und an der Regierung war dabei nicht nur gestattet, sondern erwünscht. Die Edikte vier bis dreizehn beschäftigten sich mit Religion und verschiedenen Staatsangelegenheiten. Das vierte Edikt enthielt einen Erlaß zur Annahme von Bittgesuchen, und im Edikt zwölf ging es u. a. um die Religionsfreiheit. Der Buddhismus war zwar Lebens- und Regierungsmaxime des Kaisers, aber keineswegs verordnete Staatsreligion; denn das hätte die Unterdrückung Andersgläubiger begünstigen oder heraufbeschwören können. Glaubensfreiheit bestand aber grundsätzlich, für die großen Religionen wie für alle kleinen Religionsgemeinschaften und Sekten. Edikt zwölf enthielt auch einen Aufruf zur gegenseitigen Toleranz zwischen den religiösen Sekten. Außerdem wurde in diesem Edikt die Einrichtung eines Ministeriums für Frauen geregelt. Im dreizehnten Edikt wurde die Absage der Regierung an Krieg und Gewalt zum Ausdruck gebracht, und das vierzehnte Edikt enthielt die Abschlußworte und die Bedingungen der Ediktvorschriften.

Zu solch einer Blüte wie unter Kaiser Ashoka hat die Lehre Buddhas in Indien nie wieder gefunden.

Die Inder aber haben, obwohl der Buddhismus schon fast 1000 Jahre aus Indien verschwunden ist, ihren großen buddhistischen Kaiser nicht vergessen. Überall in Indien sind heute Straßen, Plätze und öffentliche Häuser nach Ashoka benannt, und jene Säule mit dem Löwenkapitell, die der Kaiser einst in Sarnath gestiftet hat, ist heute Staatssiegel der Republik Indien.

Leider war keiner der Monarchen, die nach Ashoka regierten, imstande, die großen ethischen Errungenschaften des Magadha-Reichs, wie sie in den vierzehn Edikten Ashokas zum Ausdruck kamen, zu verteidigen und zu bewahren. Von dem unmittelbaren Nachfolger des Kaisers Ashoka, Dasaratha, wissen wir so gut wie nichts. Im Jahre 185 v. Chr. wurde Brihadratha, der letzte Monarch der Maurya-Dynastie, während einer Truppenparade von dem General Pushyamitra ermordet. Pushyamitra bestieg daraufhin den Thron und begründete die Shunga-Dynastie, die 112 Jahre über Magadha herrschte.

Unter der neuen Dynastie erfolgte eine Rückbesinnung auf die alte vedische Überlieferung. Die moralischen Werte der Maurya-Zeit hatten keine Bedeutung mehr. So wurde auch die hinduistische Opferpraxis (vor allem das große Pferdeopfer und sogar das Menschenopfer) wieder eingeführt. Das Kasten-System, das mit buddhistischer Ethik nicht zu vereinbaren ist und deshalb keine Bedeutung hatte zu Ashokas Zeiten, kam unter der Shunga-Dynastie wieder zur Geltung. Der letzte der Shunga wurde 73 v. Chr. von seinem Minister Vasudeva, einem Brahmanen, gestürzt und ermordet. Vasudeva begründete die Kanva-Dynastie, aus der vier Könige hervorgingen; sie waren die letzten Herrscher des alten Magadha-Reichs. Zu ihrer Zeit war Kalinga an der indischen Ostküste zu einem mächtigen Königreich aufgestiegen. Bedeutenster Herrscher Kalingas war Kharavela, der zur Cedi-Dynastie gehörte. Er war Anhänger des Jainismus. Mit seinen Beutezügen brachte er Magadha bis an den Rand des Untergangs.

Der Buddhismus war während der Shunga- und Kanva-Dynastie gänzlich seiner staatlichen Unterstützung beraubt, ja sogar der Verfolgung preisgegeben. Die meisten buddhistischen Schulen verkümmerten zu reinen Klosterorden, die sich von der Gesellschaft zurückzogen und denen es an missionarischem Geist mangelte. Der Hinduismus war nun Staatsreligion in Magadha; der Buddhismus befand sich im Niedergang, und er wäre mit Sicherheit ausgestorben und heute völlig verschwunden, hätten die Schulen der Mahasanghikas zur damaligen Zeit nicht die Geschicke der buddhistischen Bewegung in die Hände genommen. Die Auslegung der Ordenszucht war bei den Mahasanghikas weit weniger streng als bei den anderen Schulen, weshalb sie sich auch großer Beliebtheit bei ihren Laienanhängern erfreuen konnten. Die Mahasanghikas lebten nicht wie die Ordensbrüder anderer Schulen zurückgezogen, sondern sie stellten sich der Konfrontation mit den herrschenden Staatsdoktrinen und forderten die bestehende Sozialordnung heraus. Allmählich entwickelte sich bei ihnen ein neues Idealbild, das sie Bodhisattva-Laufbahn oder Mahayana (das *„Große Fahrzeug“)* nannten. Anhänger anderer buddhistischer Weisheitsschulen, die von den Mahasanghikas verächtlich Hinayana *(„Kleines Fahrzeug“)* genannt wurden, vertraten die Auffassung, daß die vollkommene Erleuchtung ein nahezu unerreichbares Ziel sei, und sie wagten nicht einmal zu hoffen, eine solche geistige Vollendung jemals zu erreichen. Sie begrenzten ihr Leben stattdessen mit einer großen Anzahl monastischer Disziplinen und hatten darüber das ursprüngliche Ziel des Buddhismus, die Befreiung aller Wesen vom Leid, aus den Augen verloren. Das erklärte Ziel der Mahayana-Bewegung war deshalb die Verwirklichung des Rangs eines Buddha als Instrument zur Befreiung der Lebewesen. Sie gingen damit den Bodhisattva-Weg. Für einen von erleuchtetem Mitgefühl erfüllten Bodhisattva ist der Friede des weltabgewandten Nirvana nicht erstrebenswert; er kehrt stattdessen wieder in den Samsara zurück, um, kraft der Natur seines Erleuchtungsgeistes, die Lebewesen auf den Pfad der Erlösung zu führen.

Die Mahayana-Bewegung kam zu der Zeit auf, als das Magadha-Reich unterging. Im Jahre 28 v. Chr. fiel der letzte Herrscher von Magadha unter dem Ansturm der Andhras (oder Shatavahanas) aus Zentral-Indien, die bis 256 den Maurya tributpflichtig gewesen sein sollen und die, nach unsicheren Quellen, 240 v. Chr. unter den Königen Simaka und Krishna ein von Magadha unabhängiges Reich gegründet hatten. Der indische Nordwesten befand sich bereits seit eineinhalb Jahrhunderten unter Fremdherrschaft. Im Jahre 183 v. Chr. war der Griechen-König Demetrios in Nordwest-Indien eingefallen. Er und sein Bruder Apollodoros starben während eines Aufstandes in Baktrien, doch ihr Feldherr Menander (oder Melinda) setzte die Eroberung von Nordwest-Indien fort und ließ sich dort im Jahre 166 v. Chr. zum Herrscher krönen. Ein bedeutendes buddhistisches Werk, das *Milinda-Panya,* läßt die Vermutung zu, daß sich Menander in den späteren Jahren seiner Regierungszeit zum Buddhismus bekannte oder zumindest der buddhistischen Religion sehr nahestand. Sicher ist, daß sich der Nordwesten Indiens unter Menander zu einer festen Heimstatt der frühen Mahayana-Bewegung entwickelte. Hier im Nordwesten Indiens entstanden auch, nach hellenistischem Vorbild, die ersten bildlichen Darstellungen Buddhas, und die buddhistische Kunst beschritt damit neue Wege.

Etwa hundert Jahre nach der griechischen Invasion in Nordwest-Indien kam eine Gruppe des Nomadenvolkes der Shaka über den Pamir in das obere Indus-Tal. Die Urheimat der Shaka lag in Zentral-Asien. Von dort waren sie von den Yüe-chi, einem skythischen Nomadenvolk, nach Süden abgedrängt worden. Unter ihrem König Maues begründeten die Shaka ein mächtiges Reich, das bis nach Mathura reichte. Während der Herrschaft von Maues' Nachfolger, Azur I, ging das indogriechische Reich unter. Doch auch die Herrschaft der Shaka war von kurzer Dauer. Ihr letzter König, Azur II, wurde um 20 n. Chr. vom König der Parther, Gondopharnes, abgelöst. Dieser regierte bis zur Mitte des ersten christlichen Jahrhunderts. Dann fielen in großen Eroberungswellen die skythischen Yüe-chi unter der Führung der Kushana, die anderthalb Jahrhunderte vorher die Shaka verdrängt hatten, über den Norden Indiens her. Der Kushana-Herrscher Kanishka (78 bis 103 n. Chr.) trat zum Buddhismus über. In der buddhistischen Tradition ist er eine der schillernsten Herrscherpersönlichkeiten; er wird oft mit Ashoka gleichgestellt. Unter seiner Schirmherrschaft fand immerhin in Kashmir das vierte buddhistische Konzil statt, bei dem der erweiterte und in Sanskrit abgefaßte Kanon des Mahayana-Buddhismus definitiv geschlossen wurde. Der letzte große Herrscher der Kushana war Vasudeva. Ihm folgten noch ein paar Könige nach, über die die Geschichte weitestgehend schweigt.

Einer der bedeutensten Gelehrten der Kushana-Zeit (und wohl der Geschichte des Buddhismus überhaupt) war Nagarjuna. Karl Jasper zählt ihn zu den fünfzehn größten Philosophen der Menschheit (u. a. neben Plato, Buddha, Kant und Lao-tse). Nagarjunas Beitrag zum Buddhismus war vor allem der Begriff *„Shunyata“*, der mit *„Leerheit“* übersetzt wird. Nagarjuna stammte aus einer Brahmanenfamilie Süd-Indiens. Er studierte zunächst den Brahmanismus, wurde aber später buddhistischer Mönch. Auf seinen Wanderungen durch Nord-Indien gelangte er auch in den Himalaya. Dort bekam er von einem alten Mönch einige Mahayana-Schriften in die Hand, die er mit großer Aufmerksamkeit studierte. Anschließend reiste er durch ganz Indien und sammelte Schriften des Mahayana. Nagarjuna hat selbst ein sehr umfangreiches literarisches Werk hinterlassen, das als die höchste Interpretation der buddhistischen Lehre angesehen wird; ihm werden zwanzig dicke Bände mit insgesamt 154 Kapiteln zugeschrieben. Etwa um 150 n. Chr. gründete Nagarjuna mit Aryadeva die Madhyamaka-Schule, die einen Weg zur Erlösung aufzeigt durch die Ausübung der Weisheit der Shunyata.

Im Jahre 320 n. Chr. begann mit Candra Gupta I die Herrschaft der Gupta-Dynastie, die als das klassische Zeitalter in die indische Geschichte eingegangen ist. Wie nie zuvor kam jetzt Kunst, Wissenschaft und Fernhandel zur Blüte. Große Städte entstanden, und Wohlstand und Stabilität kennzeichneten das Leben der Menschen. Ganz wesentlich mitbegründet wurde der Ruhm der Gupta-Zeit von seinen großen Gelehrten und Dichtern. Manche der zahllosen Sanskrit-Werke, die zu dieser Zeit entstanden, zählen heute zur Weltliteratur, wie beispielsweise das *Kamasutra.* Berühmtester Dichter war Kalidasa, dessen Drama *Shakuntala* bereits im 18. Jahrhundert in europäische Sprachen übertragen wurde. Die höchste wissenschaftliche Leistung der Gupta-Zeit erbrachte der Astronom Aryabatta, indem er nachwies, daß die Erde um die Sonne kreist und nicht, wie bisher angenommen, umgekehrt. Von seinen Zeitgenossen wurde er jedoch nur wenig beachtet. Die bedeutensten buddhistischen Gelehrten der Gupta-Zeit waren die Brüder Asanga und Vasubandhu. Sie stammten aus Nord-Indien und begründeten um 400 die Yogacara-Schule. Die beiden Brüder brachten auch die *Lehren des Speicherbewußtseins, Selbst-Seins* und der *Drei-Körper-Lehre* eines Buddha in die buddhistische Philosophie ein. Aus den Reihen des Yogacara kam auch Dignaga, der um 400 die buddhistische Logik begründete.

Die vorherrschende Religion der Gupta-Zeit war der Hinduismus. Die Ausprägung der Tantra-Lehren in dieser Zeit schlug sich sowohl im Hinduismus als auch im Buddhismus nieder und rief schließlich nach 500 eine dritte Hauptströmung des Buddhismus hervor, das Vajrayana *(„Diamantfahrzeug“).* Die Praxis des Vajrayana zeigt durch verschiedene Yoga-Techniken einen sehr schnellen Weg zur Erleuchtung. Doch ist dieser Weg gefährlich; wird der Praktizierende nicht von einem erfahrenen Lehrer geleitet, können bei ihm psychosomatische Störungen auftreten. Speziell die höheren tantrischen Lehren des Vajrayana werden deshalb geheimgehalten und sind nur Eingeweihten zugänglich.

Buddha Gupta war der letzte bedeutende Herrscher der Gupta-Dynastie. Bereits während seiner Regierungszeit, die bis 497 dauerte, kam es zu inneren Auflösungsprozessen des Reichs. Die Hunnen, die Anfang des 6. Jahrhunderts unter ihrem Anführer Toramana den Nordwesten Indiens überrannten, schwächten die Herrschaft der Guptas empfindlich. Im Jahre 510 kam durch eine Entscheidungsschlacht der endgültige Untergang der Guptas. Die Hunnen eroberten in kurzer Zeit die Gebiete des heutigen Kashmirs, Panjabs, Rajasthans und Teile von Uttar-Pradesh. Toramana schloß sich dem Jainismus an. Im Jahre 515 folgte ihm sein Sohn Mihirakula nach. Dieser wurde 528 von Yashodharma, einem lokalen Fürsten von Malwa, besiegt. Die Hunnen herrschten danach noch ein paar Jahre über Kashmir. Mitte des

6. Jahrhunderts fügten ihnen die Türken in Zentral-Asien die entscheidende Niederlage zu. Die kurze Herrschaft der Hunnen über Indien brachte den Untergang der Städtekultur mit sich und bezeichnet das Ende der klassischen Periode des Alten Indien.

Der Buddhismus befand sich in den darauffolgenden Jahrhunderten stetig im Niedergang; die brahmanische Gegenreformation, die im 8. Jahrhundert begann, drängte ihn auf Magadha und Bengalen zurück. Staatlich gefördert wurde die buddhistische Lehre noch einmal unter König Harshvardhana (606 bis 647), der im Jahre 634 das fünfte buddhistische Konzil einberief, und in Bengalen von der Pala-Dynastie (750 bis 1150).

Das Geheimnis um Shambhala

Die Lehre Buddhas hatte sich im Laufe des ersten Jahrtausends n. Chr. über den Südosten Asiens, über China bis Japan und im Norden über das tibetische Hochland ausgebreitet.

Als im Jahre 966 aus dem Land Shambhala die buddhistische Kalacakra-Lehre (auch Kalacakra-Tantra) in Indien eingeführt und an den Universitäten Nalanda und Vikramashila gelehrt wurde, wirkte der Buddhismus zum ersten Mal auf sein Ursprungsland zurück. Damit begann die letzte große Zeit, die der indische Buddhismus erlebte, bevor er gegen Ende des 12. Jahrhunderts durch die moslemische Invasion verschwand.

Das Land Shambhala, aus dem die Kalacakra-Lehre kam, ist auf Landkarten nicht zu finden. Es gibt verschiedene Theorien und Auffassungen über dieses geheimnisvolle Königreich, das der indischen Tradition gemäß irgendwo nördlich von Tibet liegen soll: Die einen sind der Ansicht, Shambhala war ein historisches Land, *„während es im Laufe der Zeit zu der Vorstellung eines rein mystischen Königreichs verschwamm";* [14] andere meinen, Shambhala sei nichts weiter gewesen als eine Schöpfung des indischen Geistes.

Das Kalacakra-Tantra aus Shambhala, das nach der Jahrtausendwende auch den Buddhismus der gesamten Himalaya-Region und Tibets entscheidend prägte, unterteilt sich in drei Abteilungen:

Erstens: Äußeres (bezieht sich auf die äußere Welt = Makrokosmos); zweitens: Inneres (bezieht sich auf das menschliche Individuum = Mikrokosmos); drittens: Anderes (enthält die tantrische Meditationspraxis im Detail, jenen Weg zum Erlangen der vollkommenen Buddha-Natur). Die zweite und die letzte Abteilung werden geheim gehalten;

um diesen Inneren oder diesen Anderen Weg zu gehen, sind spezielle Einweihungen notwendig.

Nach der Historie von Shambhala besuchte einst Sucandra, einer der frühen Könige dieses Reichs, mit einem großen Gefolge Indien. Im südlichen Dhanyakataka kam es auch zu einer Begegnung zwischen ihm und Buddha, der zu dieser Zeit bereits achtzig Jahre alt war. Sucandra erhielt von Buddha eine Unterweisung in der Lehre, und ein Jahr später legte Sucandra in Shambhala die Buddha-Lehre in einer Schrift von 12.000 Versen nieder. Diese Schrift, das sogenannte *Mula-Tantra,* bildet den Grundtext des Kalacakra. *(„Kalacakra"* ist Sanskrit und bedeutet wörtlich *„Rad der Zeit".)*

Der siebte Nachfolger des Sucandra, Manjushrikirti, wurde etwa 200 v. Chr. inthronisiert. Er bemühte sich um eine Einigung unter den zahlreichen politischen und religiösen Strömungen und Parteien in Shambhala. Er berief ein Konzil ein, bei dem erhebliche Differenzen zwischen den verschiedenen Fraktionen zutage getreten sein müssen; denn danach mußte eine große Gruppe von Gelehrten unter Zwang Shambhala verlassen. Sie begaben sich auf den Weg nach Indien. Manjushrikirti aber sah schnell ein, daß die Vertreibung der Gelehrten ein politischer Fehler gewesen war. Er holte sie zurück und begann, die Staatsdoktrin zu revidieren. Manjushrikirti wird als der erste der Kulika-Könige von Shambhala gezählt. Sein Nachfolger war Pundarika. Er überarbeitete erneut die Staatsdoktrin und gab auch dem buddhistischen Kalacakra annähernd seine heutige Fassung. Pundarika schrieb außerdem das Werk Vimalaprabha, den Hauptkommentar zum Kalacakra.

Die Historie von Shambhala erwähnt außerdem die einzelnen Weltreligionen. Es werden die Begründer des Judentums genannt, Abraham und Moses, ferner Jesus und auch Mani aus Babylonien. Besonders ausführlich widmet sich die Historie dem Madhumati (Mohammed), dessen Auftreten in der Zeit des zehnten Kulika-Königs von Shambhala stattfand. Die Religion aus dem Land Makha (Mekka) steht dabei in einem durchweg schlechten Licht. Die Moslems werden als „barbarisch" bezeichnet, und es wird prophezeit, daß sie nacheinander alle Länder Asiens überfallen werden. Schließlich wird der Buddhismus nur noch in Shambhala überleben.

Die Shambhala-Chronik nennt nicht nur die Kulika-Könige der Vergangenheit, sondern auch jene, die den Thron von Shambhala noch besteigen werden. Nach dieser Genealogie wurde König Aniruddha im Jahre 1927 inthronisiert. Er ist der einundzwanzigste Kulika-König, und er müßte jetzt noch in Shambhala regieren. Insgesamt werden fünfundzwanzig Kulika-Könige auftreten. Der letzte von diesen, Rudracakrin, wird im Jahre 2327 den Thron besteigen. Diese Zeit (so die Prophezeiung) wird geprägt sein von Not, Elend und Krieg. Schließlich werden die Barbaren die ganze Welt beherrschen. Da wird Shambhala sichtbar werden. Voller Zorn, daß noch ein mächtiges unabhängiges Reich existiert, wird der König der Barbaren Shambhala angreifen. Doch dann brechen die Armeen des Rudracakrin aus Shambhala hervor und besiegen die Barbaren. Das wird der Beginn eines goldenen Zeitalters sein.

Um 960 hörte der indische Gelehrte Tsilupa zum ersten Mal vom Reich Shambhala im Norden und davon, daß dort eine in Indien noch unbekannte Philosophie gelehrt werde. So machte sich Tsilupa gleich auf den Weg. In der Gebirgsgegend traf er auf einen alten Mann im Mönchsgewand, der ihm die Frage stellte: *„Wohin gehst du?"*

„Nach Shambhala", antwortete Tsilupa, *„auf der Suche nach der Erkenntnis der Bodhisattvas."*

„Der Weg dorthin ist äußerst lang und beschwerlich", erklärte der Mönch. *„Wenn du wirklich lernen willst, kannst du sogar hier zu dieser Erkenntnis kommen."*

Da erkannte Tsilupa in dem Mönch eine Manifestation des Bodhisattvas Manjushri. Tsilupa ließ sich bei dem Bodhisattva nieder und bekam von ihm Unterweisungen im System des Kalacakra. Danach ging Tsilupa nach Indien zurück und gab das, was er gehört hatte, an der Universität Nalanda seinen Schülern weiter.

Ein anderer Gelehrter aus Indien, der nach Shambhala aufbrach, war Dushepa. Er hatte bei einem Schüler des Tsilupa in Nalanda studiert. Dabei hatte er den fragmentarischen Charakter des Kalacakra erkannt. Schließlich beschloß Dushepa, selbst in dieses nördliche Königreich zu gehen, um dort mehr Schriften zu erwerben. Und im Gegensatz zu Tsilupa gelangte Dushepa tatsächlich nach Shambhala.

Das Kalacakra ist zwar das komplexeste buddhistische Lehrsystem, trotzdem soll es immer noch fragmentarisch sein. Die Prophezeiung sagt aus, daß die vollständige Lehre nur in Shambhala bewahrt wird; erst nach dem Sieg des Heeres des Rudracakrin über die Barbaren wird sie der Menschheit zugänglich werden.

Für die Buddhisten Zentral-Asiens hat der Shambhala-Mythos eine ganz eigene Bedeutung: Shambhala symbolisiert das innere Königreich, den Zustand der Erleuchtung. Und die vielen zum Teil sehr fantastischen Reisebeschreibungen nach Shambhala, die in den Jahrhunderten verfaßt wurden, sind Meditationsanleitungen, deren geheimnisvolle Sprache nur der fortgeschrittene Yogi verstehen kann.

In den Schriften wird das Königreich Shambhala von gigantischen Schneebergen vollständig umgeben beschrieben. Genau in der Mitte des Reichs liegt die Hauptstadt Kalapa mit dem gleichnamigen Königspalast. Südlich des Palasts befindet sich ein großer Park mit einem Mandala des Kalacakra, das noch von Sucandra stammen soll. Ein kleineres Mandala wird Pundarika, dem zweiten Kulika-König, zugeschrieben. Alle Reisebeschreibungen nach Shambhala erwähnen den Fluß Sita; es ist der nördlichste jener vier Flüsse, die am Kailash in West-Tibet entspringen. (Die Quelle eines solchen Flusses wurde jedoch nie gefunden.) Zu den Ufern der Sita hin erstreckt sich eine furchtbare, wasserlose Wüste. Und hinter der Sita, so heißt es weiter, erhebt sich ein gewaltiges Gebirge, das Shambhala abschirmt und das nur ein geübter Yogi überfliegen kann. Vermutlich ist die wasserlose Wüste in den Reisebeschreibungen mit der Takla-Makan und die Sita mit dem Tarim identisch. Der Tarim entspringt zwar nicht am Kailash, sondern im Karakorum, doch sein Wasser ist ungenießbar, was auch vom Wasser der Sita gesagt wird. Und im Norden dieses Flusses erhebt sich in der Tat ein gewaltiges Gebirge: der Tien-Shan. Demnach könnte Shambhala in einem Hochtal des Tien-Shan liegen. Ein sehr präziser tibetischer Reisebericht (vermutlich aus dem 13. Jahrhundert oder früher; der Autor ist unbekannt) scheint dies zu bestätigen:

„Wenn man auf eine weite Entfernung nach Norden reist, wo die Königin K'om K'om haust, da sollen sich prächtige Wälder und Gewässer befinden. Von dort weiter nordwärts ist unter sechs dort befindlichen Gebieten das Königreich von Khotan (Li yul) das größte. Dem viereckigen Eisenberg entlang muß man auf der Handelsstraße sechs Tagesreisen zurücklegen. Da ist der Fluß Sita, der von Westen nach Osten fließt, und dem entlang die Hor leben: gewöhnlich haben sie keine Häuser, sondern wohnen lediglich in Filzzelten. Die Zelte der Vornehmen haben zwei- oder sogar dreifache Dächer. Für Transportzwecke bedienen sie sich der Kamele, von denen je 110 eine Ladung ausmachen. Am Fuße der Südseite der Schneeberge, welche Shambhala von außen einschließen, liegt eine große Stadt ...

Was die Ausdehnung des Landes Shambhala betrifft, so ist sie im Süden etwa die Hälfte eines kleinen Jambudvipa, auf der Nordseite aber ist es ein großes Land, das Yogsum, mit dem gewöhnlichen Namen aber Shambhala heißt. Auf allen Seiten ist es von 500 Yojana langen Schneebergen umgeben. Drei innere Bergketten sind in acht Blätter von der Form eines Lotus zerschnitten, so daß sich die Räder der äußeren und inneren Berge berühren. Im Südwesten befindet sich Wasser und ein für Menschen gangbarer Weg. Mongolen (Sog po), Kaufleute, jung verheiratete Paare usw. sollen häufig diese Straße hinauf und herab ziehen. Auf der Ostseite gibt es nur einen Fluß und Vö-

gel, doch auch einen Paß, der früher niemals von Menschen begangen sein soll.“[15]

Nach dieser Reisebeschreibung könnte Shambhala auch mit dem uigurischen Königreich Cho-Cho identisch gewesen sein, das sich zu einem Teil in der Turfansenke erstreckte.

Die Tibeter glauben (und sie scheinen dafür schlagkräftige Argumente zu haben), daß Shambhala heute noch existiert. Der Dalai Lama weist darauf hin, daß Menschen durch das Kalacakra tiefe geistige Einsicht gewonnen haben, weshalb es sich um eine authentische Lehre handeln muß. Also müßte auch Shambhala als Ursprungsort dieser Lehre existieren. Seine Heiligkeit schlägt vor, eine mittlere Position zu akzeptieren, nach der Shambhala nur für diejenigen existiert, die einen besonderen Grad der Reinheit ihres Geistes erlangt haben.

Ausbreitung des Buddhismus in China

Bekannt war die Lehre Buddhas im Reich der Mitte etwa seit Christi Geburt; offiziell eingeführt wurde der Buddhismus aber erst im Jahre 61 n. Chr. unter Kaiser Ming-ti (58 bis 76 n. Chr.) der Han-Dynastie. Dazu ist folgende Geschichte überliefert:

Der Tempel Jin Ding auf dem heiligen Berg Emei Shan in Süd-China. Der Überlieferung nach ließ hier Kaiser Ming-ti (58 – 76 n. Chr.) den ersten buddhistischen Tempel Chinas errichten. In den Jahrhunderten fiel dieser des Öfteren dem Feuer zum Opfer, wurde aber immer wieder aufgebaut und vergrößert. Das heutige Bauwerk ist eine Rekonstruktion des in der Kulturrevolution zerstörten Tempels.

Einst begegnete dem Kaiser im Traum eine strahlende Gottheit, die in seinen Palast einzudringen versuchte. Der Bruder des Kaisers, der zugleich Traumdeuter war, interpretierte das Gesicht als Hinweis darauf, daß es nun an der Zeit sei, der Religion Indiens, dem Buddhismus, auch im Reich der Mitte Eingang zu gewähren. Darauf wurde eine Delegation aus achtzehn Gesandten nach Turkestan, Kashmir und Indien geschickt, um Missionare für China zu gewinnen und heilige Bücher zu erwerben. Drei Jahre später kehrten die Gesandten in der Begleitung zweier indischer Mönche, Gobharana und Kashyapa Matanga, an den Kaiserhof zurück. Diese beiden Gelehrten begannen dort sofort mit der Übersetzung fundamentaler Texte des Buddhismus; u. a. stellten sie eine Anthologie aus zwölf Schriften zusammen, die die Grundzüge der Lehre Buddhas wiedergaben. Ferner wurden Ordensregeln für Mönche und eine legendenhafte Lebensgeschichte des Stifters des Buddhismus ins Chinesische übertragen.

Nach dem Sturz der Han-Dynastie (200 n. Chr.) zerfiel China in drei Teilreiche: Shu, 221 bis 264; We, 220 bis 264; und Wu, 222 bis 280 n. Chr. Während dieser Periode der sogenannten *„Drei Reiche“* führte der Buddhismus in China eher ein Schattendasein; Staatsdoktrin war der Konfuzianismus. Immerhin wurden aber während dieser Zeit viele buddhistische Schriften ins Chinesische übertragen, und auch die Gemeinden der buddhistischen Laienanhänger hatten sich regen Zulaufs erfreuen können.

Die große Zeit für den Buddhismus in China begann dann mit der Aufrichtung der Jin-Dynastie im Jahre 265 n. Chr., während der zweiten Reichseinigung. Es wird von Fo-hu (oder Dharma Raksha) berichtet, der während seiner Reisen zwischen 265 und 274 in den Westen zahlreiche buddhistische Werke erworben hatte, die bis zum Jahre 308 unter seiner Leitung (man spricht von insgesamt 165 Texten) ins Chinesische übertragen wurden. Im Jahre 325 wurden offiziell die ersten chinesischen Mönche ordiniert. Von da an reisten immer mehr chinesische Pilger nach Indien, um Schriften und Kultgegenstände zu erwerben, und umgekehrt gingen viele indische Gelehrte nach China, um Schriften zu übersetzen und zu ordnen. In dieser Zeit begann praktisch die systematische Übertragung des buddhistischen Kanons ins Chinesische. Im Jahre 372 brachte der Mönch Shua-tao dann den Buddhismus nach Korea.

Von etwa 400 bis gegen Ende des 6. Jahrhunderts spaltete sich China in zwei Teilreiche; im Norden regierten die Wei (386 bis 543), die nördlichen Chi (550 bis 577) und die Jou (577 bis 581); im Süden dagegen die Sung (420 bis 479), die südlichen Chi (479 bis 502), die Liang (502 bis 557) und die Chen (577 bis 587). Lediglich unter dem Begründer der Sung-Dynastie (420) und unter dessen unmittelbaren Nachfolger kam es zu einer staatlichen Verfolgung des Buddhismus. Doch im Jahre 451 wurden bereits die Edikte gegen die Buddhisten wieder aufgehoben, die in den Jahren 423 und 426 erlassen worden waren. Die Religion aus Indien stand nun überall im Reich in höchster Blüte. Die Sternstunde des chinesischen Buddhismus bezeichnet aber das Auftreten des indischen Gelehrten und Heiligen Bodhidharma. Er war, angewidert vom moralischen Verfall der Lehre in Indien, im Jahre 526 nach China gegangen. Zu dieser Zeit sollen sich noch ca. 3000 andere indische Mönche in China aufgehalten haben, die viele Schriften übertrugen. Bodhidharma (gest. 536) gilt als der eigentliche Begründer des Chan, des chinesischen Buddhismus, der sich später in fünf Unterschulen aufspaltete. In Form des Chan ist der Buddhismus auch 552 von Korea nach Japan gelangt (in Japan *„Zen“* genannt.) Bodhidharma lebte zeitweise am Hof des Kaisers der Liang-Dynastie, Wu-ti (502 bis 550), der ein eifriger Anhänger des Buddhismus war, sich häufig selbst zur Meditation in einen Tempel zurückzog und eine Sammlung von insgesamt 5400 heiligen Schriften zusammengestellt hatte.

Im Jahre 581 stürzte Yan-kien die nördlichen Jou und begründete die Sue-Dynastie, deren dritter Herrscher von den Tang im Jahre 618 abgelöst wurde. Es war die Zeit der dritten Reichseinigung Chinas. Begründer der neuen Dynastie war Li-yuen. Sein Nachfolger war der berühmte Thai-tsung (626 bis 648). Während seiner Herrschaft fand der Einfall des tibetischen Heeres unter König Srongtsän Gampo statt. Der Tibeterkönig bekam die Kaisernichte Wheng-chen zur Gemahlin, die zusammen mit der Nepalesin Bhrikuti die Ausbreitung des Buddhismus unter der tibetischen Aristokratie förderte.

In den ersten beiden Jahrhunderten der Tang-Dynastie erfreute sich der Buddhismus in China höchster staatlicher Gunst, obwohl der Konfuzianismus stets Staatsdoktrin blieb. Großartige Tempel entstanden zu jener Zeit, und beinahe alle Kunst hatte buddhistische Prägung. Dann begann Kaiser Wu-tsung im Jahre 844 (ziemlich zeitgleich also mit dem tibetischen König Langdarma, der danach trachtete, den Buddhismus in Tibet auszurotten) eine grausame, blutige Verfolgung aller Buddhisten. Systematisch ließ Wu-tsung buddhistische Heiligtümer, es sollen 40.000 gewesen sein, verwüsten; seine Schergen drangen sogar in Privathäuser ein und zerschlugen die Hausaltäre. 260.000 Mönche und Nonnen wurden vertrieben.

Die Tang-Dynastie endete im Jahre 906. Danach zerbrach das Reich in viele kleine Staaten. Um 950 kam es noch einmal zu einer Verfolgung von Buddhisten. Erneut fielen Tausende von Heiligtümern in

Schutt und Asche. Nur ein Jahrzehnt später wurde das Reich unter den Sung wieder geeint. Der zweite Herrscher der Sung-Dynastie, Taitsu, war selbst zwar Konfuzianist, er nahm sich jedoch des bedrängten Buddhismus an. Mittlerweile war in China auch der Buchdruck erfunden worden, was die Verbreitung der buddhistischen Literatur in einem bisher noch nicht dagewesenen Maße förderte. Doch zu einer solchen Blüte wie vor dem 8. Jahrhundert und vor der Tang-Zeit fand der Buddhismus in China nicht noch einmal wieder.

Padmasambhava

Nach den tibetischen Chroniken hatte Tibet unter seinem 28. König, Lhathothori Nyäntsän, die erste Berührung mit dem Buddhismus. Es war die Zeit der indischen Gupta-Dynastie, in welcher der Buddhismus regen missionarischen Geist entwickelte. Und so ist es durchaus denkbar, daß zu jener Zeit indische Mönche nach Tibet gegangen sind, um dort zu lehren. Die tibetische Überlieferung spricht aber davon, daß ein buddhistisches Buch von Indien nach Tibet geflogen sei – und zwar zum König persönlich, der sich gerade auf dem Dach seines Palasts aufgehalten habe.

Im 7. Jahrhundert wurde der Buddhismus am tibetischen Hof von den beiden Gemahlinnen des Königs, einer Chinesin und einer Nepalesin, begünstigt und gefördert. Sie stifteten auch die ersten buddhistischen Tempel in Lhasa. Doch erst im 8. Jahrhundert unter König Thrisrong Detsän begann die eigentliche Geschichte des tibetischen

Padmasambhava.

Buddhismus. Der König hatte den indischen Gelehrten Shantarakshita nach Tibet gebeten und dann auf dessen Empfehlung hin den großen indischen Guru Padmasambhava berufen. Padmasambhava gilt als der zweite, der tantrische Buddha. Die Erinnerung an ihn ist heute noch überall im Himalaya und in Tibet lebendig. Die Tibeter nennen den Heiligen liebevoll Guru Rinpoche, den *„Kostbaren Lehrer".*

Etwas über Padmasambhavas Leben zu schreiben, ist problematisch. Denn seine Biografen waren hauptsächlich daran interessiert, den spirituellen Weg des Guru zum tantrischen Buddha aufzuzeichnen. Und das geschah, indem sie innere Vorgänge der Meditation anhand äußerer, fantastischer Geschehnisse wiedergaben.

Wie es in diesen Biografien heißt, erschien Padmasambhava als Kind an der Indus-Mündung in einer erblüten Lotosblume. (Daraus leitet sich der Name ab: *„Padmasambhava"* bedeutet: *„Lotosgeboren".)* Für den Nicht-Eingeweihten klingt dies paradox. Doch jemand, der die Symbolsprache versteht, erkennt, daß man in Padmasambhava eine Ausstrahlung Amitabhas zu sehen hat, der als Meditations-Buddha des grenzenlosen Lichts gilt und dessen mystische Geburt ebenfalls in einem Lotos geschah.

Als nun König Indrabhuti aus dem Land Udyana – das wahrscheinlich mit dem Swat-Tal im heutigen Pakistan identisch war – von dieser wundersamen Geburt hörte, beschloß er, den Knaben als Pflegesohn zu adoptieren. Padmasambhava wuchs am Königshof auf, wurde mit der Prinzessin Bhasadhara vermählt und trat schließlich die Thronnachfolge an. Doch das Leben eines weltlichen Herrschers war nicht seine Bestimmung. Deshalb verließ er eines Tages Hof und Königsherrschaft, um als Student durchs Land zu ziehen. Sein Interesse galt schon lange den buddhistischen Weisheiten. Deshalb befaßte er sich zunächst mit den Lehren des frühen indischen Buddhismus, wie ihn Buddha seinen Jüngern gelehrt hatte, danach aber studierte er den tantrischen Vajrayana-Buddhismus, worin er endlich seine geistige Heimat fand.

Sein abenteuerlicher Lebensweg führte ihn durch ganz Indien und in die Himalaya-Region. Er erhielt insgesamt acht tantrische Initiationen und meditierte in Höhlen und auf Leichenplätzen. Schließlich erlangte er die Erleuchtung, d. h. den Rang eines Buddha. Im Fürstentum Zahor lernte er die Prinzessin Mandarava kennen. Sie wurde seine Schülerin und Lebensgefährtin. Mit ihr ging er nach Udyana zurück. Dort aber erregte die Beziehung der beiden Zorn, und König Indrabhuti der Mittlere verurteilte das Paar zum Tode durch das Feuer. Mit seiner tantrischen Macht verwandelte Padmasambhava die Flammen jedoch in Wasser. Als Indrabhuti dieses Wunder sah, bekannte er sich zum tantrischen Buddhismus. Im Jahre 774 erreichte Padmasambhava die Einladung nach Tibet.

Das Erscheinen Padmasambhavas auf dem Dach der Welt im 8. Jahrhundert ist nicht nur in der tibetischen Geschichte ein bedeutendes Ereignis, es war auch von höchster Wichtigkeit für den Fortbestand der Tradition des indischen Buddhismus nach der Eroberung Indiens durch die Moslems.

Padmasambhava stiftete in Tibet das erste Kloster, Samye, und leitete die Übersetzung des Sanskritkanons in die tibetische Sprache ein. Während der darauffolgenden 400 Jahre wurde die buddhistische Religion auf dem Dach der Welt heimisch. Und so blieb der indische Buddhismus in seinem gesamten Umfang (die Strömungen Hinayana, Mahayana und Vajrayana) in tibetischer Prägung erhalten. Der Vandalismus des moslemischen Eroberer Indiens (etwa ab 1200) war so verheerend, daß der Buddhismus in seinem Ursprungsland unterging. Selbst der Sanskritkanon, wie er unter Kaiser Kanishka im 1. Jahrhundert n. Chr. geordnet wurde, ist heute nur noch fragmentarisch erhalten.

Schriftgut

Von den buddhistischen Schriftensammlungen, die heute vorliegen, ist der in Pali-Sprache abgefaßte Tripitaka-Kanon die älteste. Der Kanon enthält die Texte des Theravada-Buddhismus, der einzigen heute noch existierenden Schule des alten Buddhismus. Der Tripitaka (wörtlich: *„Dreikorb“:* Vinaya, die Ordenszucht; Dhamma, die Lehrgespräche; Abhidhamma, Metaphysik) wurde zuerst in Shri Lanka schriftlich fixiert und ist heute im südasiatischen Raum verbreitet.

Der chinesische Tripitaka unterscheidet sich wesentlich vom Original in Pali-Sprache. Viele Werke sind auch verlorengegangen. Im Jahre 972, kurz nach der Erfindung des Buchdrucks in China, erschien der chinesische Tripitaka erstmals in gedruckter Form. Die Schriftensammlung wurde dann vom Chinesischen ins Japanische übertragen. Die jüngste japanische Ausgabe (von 1924 bis 1929) besteht aus 2184 Werken zu 55 Bänden mit je 1000 Seiten.

Wie eben erwähnt, existiert der Sanskritkanon nur noch in Teilen. Die Sammlung ist jedoch erhalten geblieben im tibetischen Kangyur, der sich in sechs Abteilungen gliedert:

1. Dülwa (Sanskrit: Vinaya), 13 Bände; die mönchische Disziplin. Es handelt sich um die erste Abteilung des Tripitaka. Allerdings wurden nicht alle Schriften daraus ins Tibetische übertragen.

2. Sher-chin (Sanskrit: Parjnaparamita), 21 Bände; Philosophie und Metaphysik des Mahayana-Buddhismus.

3. Sangye-Phälpoche (in Sanskrit Buddhavatamsaka), 6 Bände *„Buddhaversammlung“*, die Lehren der Buddhas; avatamsaka = (Stirn-) Kranz.

4. Köntseg (Sanskrit: Ratnakuta), 6 Bände; *„Juwelengipfel“;* Nr. 2 bis 3 enthalten nur Texte des Mahayana.

5. Do (die Sutras), 32 Bände; Lehrtexte des Hinayana- und des Mahayana-Buddhismus.

6. Gyü oder Gyud (Tantra), 22 Bände.

Manche Ausgaben (z. B. die der Klosterdruckerei von Derge) ordnen den Kangyur zu 108 Bänden; in der Regel aber besteht der Kanon aus 100 Bänden. Den Kangyur gibt es auch in mongolischer Übersetzung.

Umfangreicher als der Kangyur ist der Tängyur, die nicht-kanonische Sammlung der Kommentare. Sie enthält ausschließlich Werke von indischen Gelehrten und besteht aus 225 Bänden. Und zwar beginnt der Tängyur mit dem Band Tötshog, einer Sammlung von 64 Hymnen. Dann folgt die Abteilung der Kommentare zu den Tantras. Die zweite Abteilung, Sutras, ist die umfangreichste. Sie enthält Kommentare zur Prajnaparamita, Shastras der Madhyamaka-Schule, Sutra-Kommentare, die Yogacarins, wissenschaftliche Schriften des Theravada, des weiteren Abhandlungen über Philosophie, Logik, Grammatik, Rhetorik, Poesie, Prosodie, Medizin, Ethik, Mechanik, Alchemie u. ä.

Buddhistische Symbolik

Es ist natürlich nicht möglich, innerhalb eines Kapitels in gedrängter Form einen auch nur halbwegs erschöpfenden Überblick über die außerordentlich reichhaltige Bildersprache des Buddhismus zu geben. Es können aber kurz die Marksteine erwähnt werden, die die Entwicklung buddhistischer Ikonografie bezeichnen.

Frühbuddhistische Symbolik

In der frühen buddhistischen Kunst finden sich noch keine bildlichen Darstellungen Buddhas. Es gab aber eine Anzahl von Symbolen, die aus Buddhas Lebensgeschichte geschöpft waren und die beispielsweise auf Reliefs in Tempeln und Klöstern zu bildlicher Darstellung kamen. Sehr beliebt war der Elefant. Nach der legendenhaften Biografie des Buddha soll Maya, seiner Mutter, in der Zeit der Empfängnis ein großer weißer Elefant im Traum erschienen sein, der dann in ihren Leib einging. Andere Symbole waren der Bodhi-Baum, unter dem Buddha die Erleuchtung gefunden hatte, und das *„Rad der Lehre"* (Sanskrit: Dharmacakra), das Buddha mit seiner Predigt von den *Vier Erhabenen Wahrheiten* in Sarnath in Bewegung versetzt hatte. Der Stupa, in dem sterbliche Überreste Buddhas und anderer Heiliger bewahrt wurden, kam ebenfalls sehr früh zur bildlichen Darstellung. Und auch der Lotos (Sanskrit: Padma) und das Hakenkreuz (Sanskrit: Svastika) wurden schon sehr zeitig in die buddhistische Symbolik aufgenommen.

Darstellung des historischen Buddha Shakyamuni.

Das Buddha-Bild

Die ersten Buddha-Bilder erschienen im 1. Jahrhundert nach Christi in Nordwest-Indien und waren vermutlich von der Gandhara-Schule geschaffen worden. Merkwürdig ist, daß sich nirgends Zwischenstufen feststellen lassen: Das Buddha-Bild, das im 1. Jahrhundert erscheint, ist fix und fertig ausgebildet und entspricht in den wesentlichen Einzelheiten den heutigen Darstellungen Buddhas. Es wird angenommen, daß hellenistische Einflüsse eine gewisse Rolle bei der Entstehung dieses Bildes gespielt haben.

Im Allgemeinen wird Buddha als idealer Yogi sitzend mit gekreuzten Beinen dargestellt. Die Hände ruhen entweder im Schoß, oder die rechte Hand berührt die Erde. Es gibt aber noch ein paar andere Gesten (Mudras). Buddha trägt ein Mönchsgewand, das meist die rechte Schulter frei läßt. Als Zeichen seiner Erleuchtung ist sein Scheitel in

Blick vom Dach der Chökku-Gompa auf den Kailash.

einer Art Schädelauswuchs, der von Locken verdeckt wird, erhöht. Buddha wird gelegentlich auch stehend dargestellt. Er hält dabei mit der linken Hand das Ende seines Mönchsgewands und erhebt die Rechte zum Zeichen der Mildtätigkeit.

Als sitzender Yogi wird Buddha hier und da von zweien seiner Jünger flankiert (namentlich Shariputra und Mautgalyayana). Seltener dargestellt wird Buddhas Eintritt ins Nirvana; dabei liegt er ausgestreckt, den Kopf auf den Ellenbogen gestützt und umgeben von einer Anzahl trauernder Jünger.

Texte des Mahayana nennen 32 Haupt- und 80 Nebenmerkmale, die einen Buddha auszeichnen. Dort heißt es auch, daß eines Buddhas Körper strahlend ist wie ein Berg von Gold.

Die Bodhisattvas

Buddha Maitreya in einer Kapelle von Tikse. Die Statue ist 15 Meter hoch und reicht über zwei Stockwerke.

Die Mahayana-Bewegung brachte die bildliche Darstellung der Bodhisattvas in die buddhistische Kunst ein. Im Gegensatz zur Darstellung Buddhas im Mönchsgewand ist ein Bodhisattva mit kostbaren Gewändern bekleidet, mit Krone und reichem Schmuck verziert und manifestiert sich häufig mit mehreren Armen und Köpfen. Acht populäre Darstellungen männlicher Wesen im Bodhisattva-Rang sind: Samantabhadra, Avalokiteshvara, Vajrapani, Manjushri, Ratnapani, Vishvapani, Akashagarba und Maitreya.

Maitreya ist der Buddha, der 5000 Jahre nach Shakyamuni (wie man den historischen Buddha oft nennt) erscheinen wird; gegenwärtig ist Maitreya noch Bodhisattva. Er wird häufig von Manjushri und Vajrapani flankiert. Sehr oft bilden diese beiden auch mit Avalokiteshvara eine Triade. Manjushri, der Bodhisattva der transzendenten Weisheit, wird mit einem Schwert dargestellt, das er in der rechten Hand schwingt und das die Unwissenheit zerschlägt; auf seiner linken Seite ist ein Buch abgebildet. Der Vajra ist Vajrapanis Attribut; dieser Bodhisattva zeigt sich häufig in einer zornigen Erscheinung mit blauer Hautfarbe. Eindrucksvoll ist auch die in Tibet sehr populäre Darstellung Avalokiteshvaras mit elfgesichtigem Haupt und 1000 Armen.

Neben den männlichen gibt es noch weibliche Wesen im Bodhisattva-Rang: Mahamayuri, Vasudhara, Cunda, Marici, Sarasvati, Parnashabari, Sitatapatra, Prajnaparamita (sie ist die Manifestation der transzendenten Weisheit). Königin der Erleuchtung und Mutter der Buddhas ist Ushnishavijaya. Auch die Tara in ihrer Grünen und Weißen Manifestation ist sehr beliebt.

Oben: Tara, weibliches Wesen im Bodhisattva-Rang.
Rechts: Bodhisattva Avalokiteshvara in einer Kapelle des Stadt-Tempels von Lhasa. Der Überlieferung nach soll die Statue von selbst entstanden sein. Der berühmte tibetische König Srongtsän Gampo (geb. 617) gilt als Emanation des Avalokiteshvara und wurde deshalb nach seinem Ableben von dieser Statue absorbiert.

Blick vom Dach der Gösul-Gompa auf den Manasarovar-See.

Die Fünf Buddha-Familien

Den weitaus größten Bilderreichtum brachte das Vajrayana mit seinen Tantra-Praktiken in die Kunst des Buddhismus ein.

Das Vajrayana ist bemüht, die Entsprechung von Makrokosmos (Welt) und Mikrokosmos (Mensch) zu verdeutlichen. Dazu dienen fünf Buddha-Figuren, die den Körper des Universums symbolisieren (deshalb ist jeder dieser Buddhas einem bestimmten Kardinalpunkt einschließlich dem Zenit zugeordnet). Und jeder der Buddhas entspricht einem bestimmten Cakra (man könnte vorsichtig von psychosomatischen Zentren sprechen) im menschlichen Körper. Zu unterscheiden sind sie durch Körperfarbe und Gesten; ansonsten werden die fünf Buddhas ganz genau so wie der historische Shakyamuni dargestellt: Akshobhya, Osten, Herz-Zentrum, blau, Geste der Erdberührung; Ratnasambhava, Süden, Nabel-Zentrum, gelb, Geste der Erdberührung mit Handfläche nach außen; Amitabha, Westen, Kehl-Zentrum, rot, Hände ruhen im Schoß; Amoghasiddhi, Norden, „geheimes“ Zentrum (Genitialbereich), grün, rechte Hand erhoben; Vairocana, Zenit, Gehirn-Zentrum, weiß, Hände vor der Brust in der Geste des Raddrehens.

Buddha Ratnasambhava, einer der Meditations-Buddhas „Geste der Erdberührung mit Handfläche nach außen“.

Den Buddhas wurde noch ein sechster übergeordnet, der als Ur-Buddha die fünf emaniert; sein Name ist Vajradhara. Die Konzeption der fünf Buddhas mit dem Ur-Buddha dürfte um 750 abgeschlossen gewesen sein.

Genau wie die Buddhas sind die Yi-dams (Meditationsgottheiten) erleuchtete Wesen. Ein Yi-dam ist meist mit einem bestimmten Tantra-System verbunden, stellt bildlich die esoterische Lehre des jeweiligen Tantras dar und dient dem Praktizierenden als Initiationsfigur. Yi-dams sind oft furcht-

Tikse, die große Fakultät der buddhistischen Gelugpa-Schule in Ladakh.

einflößende Gestalten, in Feuer tanzend, mit Totenschädeln geschmückt und mit mehreren Armen und Köpfen ausgestattet. Jeder Yidam besitzt sein eigenes Mandala, das in der Regel durch ein Diagramm dargestellt wird, welches die Form eines viereckigen und mit vier Toren, Hof und Ringmauer versehenen Tempelbaus in Draufsicht hat.

Zu den Yi-dams kommen noch die Dharmapalas, die Schützer der Lehre, hinzu. Sie zeigen sich wie die Yi-dams in schrecklicher Gestalt. Am populärsten ist Mahakala.

Charakteristisch für das Vajrayana ist auch die Darstellung der sexuellen Vereinigung (tibetisch: Yab-yum), die die Zwillingseinheit der Polaritäten symbolisiert. In Vereinigung mit ihren weiblichen Entsprechungen werden Yidams, Bodhisattvas und auch Buddhas gezeigt.

Die Mehrzahl der Bodhisattvas (männlich wie weiblich), der Yi-dams und Dharmapalas gelten als Emanationen der fünf (oder sechs) Buddhas, sowohl als die eines bestimmten, mehrerer oder als aller zugleich. Man spricht deshalb von den fünf Buddha-Familien (tibetisch: Rig-nga).

Hinduistischer Heiliger in Kathmandu.

Statue des Guru Padmasambhava im Kloster Ji'u-Gompa am heiligen See Manasarovar. Hier verbrachte der Guru seine letzten sieben irdischen Tage.

Das Rad der Existenzen

Eine besonders in Tibet sehr populäre Darstellung des Buddhismus muß hier noch besprochen werden, weil sie Grundelemente buddhistischen Gedankenguts symbolisiert. Es ist das Bhavacakra, das *„Rad der Existenzen“*. (Übrigens wird dieses Bild auch gerne von Touristen gekauft, weil es sehr dekorativ wirkt, ohne daß man die Bedeutung kennt.)

Darstellung des Rades der Existenzen.

Obwohl dieses Symbol sehr alt zu sein scheint, ist es doch wohl ausschließlich in der Tradition des Mahayana bzw. des Vajrayana zu finden. Literarisch wird das Bhavacakra zum ersten Mal in dem Sanskrit-Text Divyavadana beschrieben, der im Jahre 285 n. Chr. ins Chinesische übertragen wurde. Als Bildwerk taucht es erstmals als Fresko in einem Höhlentempel von Ajanta auf.

Das Bhavacakra zeigt ein zorniges, dämonisches, mit einem dritten Auge ausgestattetes Wesen, das mit gefletschten Hauern dem Betrachter ein tafelförmiges Rad entgegenhält, welches von verschiedenen Abbildungen ausgefüllt ist. In der Radnabe sind drei Tiere abgebildet, Hahn, Schlange und Eber, die einen Kreis bilden, indem sie sich gegenseitig in den Schwanz beißen und so das Rad in Bewegung versetzen. Die Tiere symbolisieren die drei Geistesgifte (deren Wurzel die Unwissenheit ist): der Hahn die Gier, die Schlange den Haß und der Eber die Verblendung.

Bei manchen Darstellungen ist um die Radnabe noch ein Ring gelegt, der links hell und rechts dunkel ist. An Seilen werden im dunklen

Bereich menschliche Gestalten nach unten und im hellen nach oben gezogen. Es sollen damit die beiden Wege der Wandelwelt (Samsara) veranschaulicht werden, die einmal zu schlechten und das andere Mal zu günstigen Wiedergeburten führen.

Zwischen Radkranz und Nabe begrenzen sechs Speichen sechs einzelne Felder, in denen die sechs Bereiche der Wandelwelt anhand gewisser Milieuschilderungen verdeutlicht werden; und zwar liegt (zumindest in den meisten Darstellungen) die Welt göttlicher Freuden der Welt höllischer Qualen gegenüber; dem Bereich titanischer Streitbegier befindet sich der Bereich der qualvollen, unbefriedigten Leidenschaften und der Menschenwelt der Bereich tierischer Verfolgungsnot gegenüber. Damit werden die weltlichen Daseinssphären veranschaulicht, in die man auf Grund seines Karmas geraten kann: *„Du erntest die Früchte deiner Geistesgifte!“* – nicht mehr und nicht weniger will diese Darstellung dem Betrachter sagen. Doch ist der Aufenthalt in keinem der Bereiche von ewiger Dauer. Auch aus den Höllen ist wieder ein Aufstieg möglich, wenn das Karma, das diesen Absturz verursacht hat, abgebaut ist. Deshalb erscheint selbst hier wie in den anderen Bereichen ein Buddha.

Der Radkranz besteht aus zwölf Bildtäfelchen, welche die vorne bereits zitierte Lehrrede Buddhas von den Ursachen darstellen. Die Geistesgifte Gier, Haß und Verblendung, die die Lebewesen in Samsara einbinden (und zwar in jeweils einem der sechs Bereiche), werden bedingt durch die Unwissenheit. Das blinde alte Weib, das im ersten Feld abgebildet ist, soll dies symbolisieren. In der Lehrrede Buddhas heißt es: *„durch Unwissenheit als Ursache die Gestaltung“.* Unter *„Gestaltung“* sind eben jene charakterbildenden Kräfte zu verstehen, die auf Grund eines Wandels in Blindheit und Unwissenheit zustandekommen. Im zweiten Feld verdeutlicht dies ein Töpfer, der gerade ein Gefäß gestaltet. Die charakterbildenden Kräfte formen nun das künftige Bewußtsein aus. Deshalb heißt es: *„durch die Gestaltung als Ursache das Bewußtsein“.* Das Bewußtsein wird im dritten Bild durch einen Affen dargestellt, der nach dem Gefäß des Töpfers greift. Bewußtsein kann natürlich nicht alleine existieren; es formt sich aus in materieller Form und geistiger Gestalt: *„durch Bewußtsein als Ursache Name und Form“* (Geist – Körperlichkeit). Im vierten Bild ist deshalb ein Boot zu sehen, in dem zwei Personen sitzen. Die sechs Sinnesquellen, die aus Geist – Körperlichkeit hervorgehen (es sind dies Sehen, Riechen, Hören, Schmecken, Tasten und Geistesberührung), werden durch ein Gebäude dargestellt, an dem in irgendeiner Form (z. B. an der Zahl der Fenster) die Sechszahl zu finden ist. Mit den Sinnen tritt das Wesen mit der Welt in Berührung, dargestellt im sechsten

Benares, die heilige Stadt der Hindus am Ganges.

Lakshmi Narayan in Delhi, einer der markantesten Hindu-Tempel Indiens.

Dharamsala, Exilresidenz des Dalai Lama.

Der Potala in Lhasa.

Bild durch zwei Liebende beim Geschlechtsakt. Dann heißt es weiter: *„durch die Berührung als Ursache die Gefühle";* im siebten Bild wird dies auf recht drastische Art mit einem Mann gezeigt, den gerade ein Pfeil ins Auge getroffen hat. Weiter geht es im Text: *„durch die Gefühle als Ursache der Durst",* dargestellt im achten Bild durch einen Trunksüchtigen. Aus dem Durst (Verlangen) entsteht das Ergreifen und Anhaften an puren materiellen Objekten und äußeren Empfindungen, die man begehrt. Das neunte Bild zeigt deshalb einen Mann im Garten bei der Ernte. Aus dem Verhaftetsein entsteht wieder neues Werden; dies wird im zehnten Bild gezeigt, wo sich Mann und Frau vereinen; in manchen Darstellungen sieht man im Bild zehn auch nur eine einzelne Person. Im Text heißt es weiter: *„durch die Existenz als Ursache die Geburt";* dieser Sachverhalt wird im elften Bild durch eine schwangere Frau verdeutlicht. Und schließlich heißt es: *„durch die Geburt als Ursache (entstehen) Alter, Sterben, Kummer, Leid, Unglück und Erschütterung".* Das zwölfte Bild zeigt deshalb einen Mann, der eine Leiche im Korb wegträgt.

Buddha betrachtet also mit seiner zwölfteiligen Ursachenkette drei Existenzen hintereinander aus verschiedenen Sichtweisen; dabei geht er folgendermaßen vor: Glied 1 und 2 (Existenz 1) beziehen sich auf die karmische Ursache, Glied 3 bis 10 (Existenz 2) beschreiben deren Auswirkung im einzelnen, und Glied 11 und 12 (Existenz 3) fassen diese noch einmal zusammen.

Zuflucht zu den Drei Juwelen und allgemeine Regeln für den Buddhist

Eine Eigentümlichkeit des Buddhismus ist die Zufluchtnahme zu den Drei Juwelen. Diese sind Buddha, seine Lehre (der Dharma) und die Gemeinde (der Sangha). Es gehört zur Praxis des Buddhisten, täglich die Zuflucht auszusprechen; die gewöhnliche Formel ist: *„Ich nehme Zuflucht bei Buddha, ich nehme Zuflucht beim Dharma, ich nehme Zuflucht bei Sangha."* Im Verständnis des Vajrayana-Buddhismus vertritt der spirituelle Lehrer (Guru, tibetisch: Lama) den Buddha in Person; deshalb ist in der Vajrayana-Tradition der dreifachen Zufluchtsformel noch die Zuflucht zum Guru (oder Lama) vorangestellt. Dazu wird in einem tibetischen Text beispielsweise folgende Anweisung gegeben: *„Bis die Erleuchtung erlangt wurde, nimmt man in Gedanken Zuflucht und spricht in Worten aus: 'Ich und alle Lebewesen, himmelweit, neh-*

men von nun an, bis wir die Essenz der Erleuchtung gefunden haben, Zuflucht bei den Glorreichen, Heiligen Lamas. Wir nehmen Zuflucht beim Erhabenen, Vollendeten Buddha. Wir nehmen Zuflucht bei der Heiligen Lehre. Wir nehmen Zuflucht bei der Gemeinde der Erhabenen.' So spricht man dreimal oder öfter, zu was man eben in der Lage ist. Man faltet die Hände dabei: 'Zum Lama und den Drei Kostbaren Juwelen werfe ich mich nieder und nehme meine Zuflucht zu Ihnen. Ich bitte Euch, segnet meinen Bewußtseinsstrom!'"[16]

Buddha stellte etwa 250 Regeln für den Orden auf. (Und speziell für die Nonnen waren es sogar noch ein paar mehr.) Dabei betonte er, daß gewisse Regeln getrost, wenn es die Situation erfordere, vernachlässigt werden könnten. Für alle Buddhisten aber galt (und gilt) es, die zehn unheilsamen Handlungen zu vermeiden; das bedeutet: (in Bezug auf den Körper) nicht töten, nicht stehlen, keine unheilsamen sexuellen Handlungen durchführen; (in Bezug auf die Rede) nicht lügen, keine beleidigenden Reden, kein unsinniges Geschwätz, Menschen nicht durch heimtückische Reden entzweien; (in Bezug auf den Geist) die Geistesgifte Gier, Haß und Verblendung nicht entstehen zu lassen. Diese Regeln sind maßgebend in allen Schulen und Richtungen des Buddhismus. Dem Mahayana-Buddhisten werden zudem noch die sechs Übungen (Paramitas) zum Entwickeln von Erleuchtungsgeist nahegelegt: Freigebigkeit, ethische Disziplin, Geduld, Zielstrebigkeit, Meditation und Weisheit. Ein solcher Weg führt schließlich (über wieviele einzelne Existenzen auch immer) zum Erlangen des Rangs eines Buddha.

Bön-Religion

Die Geschichte der Bön, jener angestammten Religion im Gebiet des heiligen Berges Kailash, ist eng verbunden mit dem Reich Zhang Zhung auf dem westtibetischen Hochland. Es heißt zwar, die Bewohner Zhang Zhungs hätten bereits vor den Tibetern eine Schrift entwickelt, tatsächlich liegen uns aber bislang noch keine historischen Quellen in einer solchen Schrift vor; alle heute bekannten Aufzeichnungen über dieses geheimnisvolle Land stammen aus tibetischen Skripten, die entstanden, als Zhang Zhung schon nicht mehr existierte. Nach solchen Überlieferungen sollen in jenem alten Reich auf dem Dach der Welt achtzehn Monarchen regiert haben. Im Jahre 634 vermählte sich der tibetische König Srongtsän Gampo mit der Prinzessin Lithigmen aus Zhang Zhung und schickte dem dortigen König, Leg Myi-ya, seine Schwester Sädmakar als Gemahlin. Das freundschaftliche Verhältnis zwischen beiden Königshäusern hielt jedoch nur zehn Jahre. Dann rückte das tibetische Heer in Zhang Zhung ein, entmachtete Leg Myi-ya (ohne ihn abzusetzen) und stellte das Reich unter die Oberhoheit Tibets. Ein Aufstand gegen die tibetischen Besatzer, der 677 losbrach, wurde sofort niedergeschlagen. In den darauffolgenden Jahrhunderten verlor Zhang Zhung seine kulturelle Identität und wurde schließlich ein integraler Bestandteil Tibets. Auch die Landessprache wurde durch das Tibetische ersetzt. Was aber erhalten blieb, war die Religion aus Zhang Zhung, die Bön.

Die magischen Glaubensvorstellungen im alten Tibet

Eigentlich muß man von der systematisierten Bön oder der Svastika-Bön (Svastika = Hakenkreuz) sprechen, als deren Stifter der spirituelle Meister Shenrab aus Zhang Zhung (?) gilt. Es ist eine synkretistische Religionsform, die heute noch in verschiedenen Gegenden Nepals (z. B. in dem Bergland Dölpo), im Norden Indiens und in Tibet anzutreffen ist.

Ein sehr wichtiges Element dieses Synkretismus waren die magischen Glaubensformen der tibetischen Nomadenstämme. Doch zunächst: Was bedeutet der Begriff *„Bön“?* Man nimmt an, daß dieses alttibetische Wort für das murmelnde Rezitieren von Bannformeln steht, die zur Abwehr dämonischer Einflüsse dienen oder mit deren Hilfe die Gunst von Erde, Luftraum und Himmel beseelender Dämonen erstrebt werden soll. Das bleibt aber *„eine Vermutung"*, schreibt Hoffmann, *„die keine positive Beweiskraft besitzt."* [17]

Die Dämonenscharen, die das alte Tibet beherrschen, sind unüberschaubar; sie werden in verschiedene Klassifikationen eingeteilt. Einige Dämonen präsentieren sich aber auch als ausgesprochene Persönlichkeiten mit Namen. In der Himmelssphäre hausen die Mu. Wenn sie erzürnt werden, schicken sie die Wassersucht; trotzdem kann man sie durch gewisse Rituale leicht freundlich stimmen. Anders ist es mit den ebenfalls im Bereich des Himmels angesiedelten Dü. Sie sind besonders gefährlich. Ihr Anführer ist Retigong-yag. In einem tibetischen Text heißt es über ihn und seine dämonischen Gesellen:

Der Stupa Svayambhunath westlich von Kathmandu gilt auch den Anhängern der Bön-Religion als heilig, da einst Shenrab, der Stifter ihrer Lehre, zwei Nepalesen vom Stamm der Newa beauftragte, den Ort zu weihen.

Dort, in Richtung Sonne-West
Im schwarzen Dü-Schloß,
Haust der Dü-Herr Retigong-yag.
Er schickt die Emanationen der 13 Dü-Männer,
Die durchschneiden die Lebenskontinuität aller Wesen.
Sie stehlen den Kinderfrauen das Blut.
Sie stehlen Kinder, wenn sie noch klein sind! [18]

Auch die Tsän hausen in den Himmelssphären; sie sind von roter Farbe, tragen Rüstungen mit Helmen, reiten durch die Wolken, und die

Pfeile, die sie abschießen, bringen den Menschen Krankheiten. Der König der Tsän heißt Tsi'u Marpo; er ist gepanzert und trägt eine Schlinge und ein rotes Banner.

In Wolken und Wind, in Sonne, Mond und Sternen, in Felsen und Steinen hausen die Nyän, die Pestilenz senden, wenn sie durch Verfehlungen der Menschen erbost sind. Noch heute ist in Tibet für Pest das Wort *„Nyän"* gebräuchlich. Zur Klasse der Nyän gehören auch die meisten lokalen Gottheiten, die auf Berggipfeln thronen. Um sich mit ihnen gutzustellen, errichtet man an Wegkreuzungen und Paßwegen mit Tierschädeln und -knochen geschmückte Steinmale.

Im Luftraum herrscht eine große Gruppe weiblicher Dämonen, die Mamo. Es handelt sich um die Geister von Frauen, die keines natürlichen Todes gestorben sind. Äußerlich sind sie sehr häßlich mit ihren zerzausten Haaren und ihrer schwarzen Haut. Sie fliegen mit Raben, Schafen, Pferden, Yaks und Eseln in Sandstürmen durch die Lüfte. Um sie zu besänftigen, haben die Menschen genau auf die Einhaltung der Opferrituale zu achten, da die Mamo als Herrinnen des Wortes und des Eides gelten. Werden Opfergelübde von den Menschen mißachtet, schicken die Mamo Hungersnot, Seuchen und Krieg. Ist es einmal soweit gekommen, müssen blutige Opfer dargebracht werden, um die Mamo wieder freundlich zu stimmen. Quellen, Teiche, Flüsse und Seen werden von den Lu bewohnt. Sie wachen über verborgene Schätze und senden Aussatz, wenn man sie stört.

Im Erdreich hausen die Sadag (Erdherren) und die gefährlichen Sri. Die Chung-Sri stellen den Kindern nach; die Ta-Sri peinigen die Pferde; die Dur-Sri kommen von den Leichenplätzen und sind blutgierig. Durch das Ritual To können erzürnte Erdbewohner wieder versöhnt werden. Ein wirksames Mittel gegen lästige, aus der Unterwelt aufsteigende Dämonen ist das Dö, eine Art Fadenkreuz, in das sie sich verhängen.

Innerhalb der menschlichen Behausung bewegt sich der Thab-Lha (Herd-Gott), der durch Fehlverhalten der Hausinsassen leicht reizbar ist und darauf empfindlich reagieren kann.

Im menschlichen Körper wohnen La (Seele) und Srog (Lebenskontinuität). Sie werden bewacht von einer Anzahl Geister wie den Dra-Lha (wörtlich: *„Feindgott"*, die persönliche Schutzgottheit) und, je nach Geschlecht, von Pho-Lha (Mann-Gott) und Mo-Lha (Frau-Gott). Sollten durch eine unvorsichtige Handlung diese Schutzgeister dazu veranlaßt werden, dem Körper zu entweichen, ist der Mensch hilflos dämonischen Übergriffen ausgesetzt. Im schlimmsten Fall können La und Srog von Dämonen geraubt werden. Ein wirksames Mittel, La im Körper zu halten, ist das Tragen eines Türkis.

In den Himmelssphären befinden sich auch die Geburts- und Begräbnisstätten der alten tibetischen Könige, der sogenannten *„Himmlischen Throne“.* Diese Könige gelangen auf unsichtbaren Stufen und Leitern zur Erde herab; und wenn ihre Zeit abgelaufen ist, hinterlassen sie keine Leichname. In der Chronik Ladakh-Gyälrab ist über die Himmlischen Throne zu lesen: *„Während die nachfolgenden Söhne die Fähigkeit erlangten, ein Pferd zu beherrschen, lösten sich die vorangegangenen Väter wie ein Regenbogen auf und gingen gen Himmel.“* [19]

Tibetische Chronisten (wie z. B. Butön) verlegen die erste Phase der Bön-Religion in die Zeit des Siebten jener Himmlischen Throne (vermutlich um 150 v. Chr.), namentlich: Srithri Tsänpo. Welcher Wandel sich im Geistesleben der damaligen Tibeter genau vollzogen hat, ist nicht mehr mit Bestimmtheit zu sagen. Immerhin läßt aber das verfügbare Quellenmaterial die Vermutung zu, daß ab König Srithri Tsänpo Mittler zwischen Menschen- und Geisterwelt auftraten. Der tibetische Gelehrte und Chronist Chökyi Nyima berichtet von einem 13jährigen Knaben, *„seinem Geschlecht nach ein Shen“,* der von Dämonen entführt worden war und 13 Jahre später wieder freikam. *„Durch die Macht der übermenschlichen Wesen wußte er mannigfache Auskünfte zu geben: An der und der Stelle befindet sich der und der Gott oder Dämon und bewirkt das und das Heil oder Unheil; wenn man bei ihm solche Gebete, Opfer und Methoden (...) zur Anwendung bringt, ist es heilsam.“*[20] Der Name des Geschlechts jenes Knaben, *„Shen“,* wird mit *„Schamane“* gedeutet.

Schamanismus

An dieser Stelle empfiehlt es sich, ein paar Sätze zu sagen über jene Phänomene der Magie, die allgemein *„Schamanismus“* genannt werden. Das Wort wurde von dem tungusischen Begriff *„Shaman“* hergeleitet; die Völker, unter denen diese Magieform verbreitet war und ist – es handelt sich dabei hauptsächlich um die Jägerkulturen in den Tundra- und Taiga-Regionen Eurasiens, um die Völker der mongolischen Steppe und um die Tibeter – kennen kein gemeinsames Wort für *„Schamaniamus“:* die Mongolen sprechen von *„Böge“,* die Lappen von *„Noide“,* die Tibeter von *„Ku-ten“* etc.

Schamanismus ist keine selbständige Religionsform, *„sondern“,* wie Lommel es formuliert, *„eine psychische Technik, die theoretisch im Rahmen jeder Religion auftreten könnte.“* [21] Schamanen sind Personen, die einer bestimmten Gemeinschaft dienen, indem sie auf Grund ihrer besonderen psychischen Begabung Kontakte mit anderen Daseinssphären aufnehmen oder in solche im Trance eintreten. Diese Dienste können nun von unterschiedlicher Art sein: sei es, daß der Schamane Wild herbeischafft, sei es, daß er die umherirrende Seele eines Angehörigen seiner Gemeinschaft zurückbannt, sei es, daß er eine Weissagung trifft etc. Auch die Techniken, denen sich der Schamane bedient, können sehr verschieden sein; er kann magische Rituale zelebrieren, seinen Körper im Trance verlassen oder diesen bestimmten Genien anbieten.

Der Schamane wird nicht in sein Amt gewählt. In der Regel steht am Anfang seiner Laufbahn irgend ein magisches Ereignis. Das kann z. B. eine Trancereise sein; d. h. seine Seele löst sich vom Körper und tritt vorübergehend in eine andere Daseinssphäre ein, wodurch ihm bestimmte überirdische Einblicke zuteil werden. Und um ein solches Ereignis handelt es sich bei jenem 13jährigen tibetischen Knaben, von dem Chökyi Nyima berichtet. (Wenn auch die Dauer von 13 Jahren für eine Trancereise ungewöhnlich lang sein dürfte.)

Wir können also mit Recht annehmen, daß zur Regierungszeit des siebten tibetischen Königs, Srithri Tsänpo, die schamanistische Praxis in Tibet aufkam. Der Schamanismus spielt bis heute innerhalb der Bön-Religion eine sehr wichtige Rolle – ist aber auch in das System des tibetischen Buddhismus eingebunden.

Kontakt mit Zhang Zhung

Auf dem westtibetischen Hochland muß zu dieser Zeit bereits eine systematische Lehre anstelle der alten magischen Glaubensvorstellungen getreten sein, und höchst wahrscheinlich hatte sich dort auch schon ein gesellschaftlicher Wandel zur Zivilisation hin vollzogen. Zhang Zhung war niemals von anderen Kulturen derart isoliert gewesen wie das zentraltibetische Reich unter seiner alten Königsdynastie. Alljährlich kamen in der warmen Jahreszeit Pilger aus Indien nach Zhang Zhung, um den heiligen Berg Kailash rituell zu umwandeln; sie sorgten gleichzeitig für einen Kulturaustausch. Mit Recht ist anzunehmen, daß Zhang Zhung Fernhandel mit Indien, Kashmir, Persien und Khotan trieb. Ein eindrucksvolles Zeugnis davon legt jene Form der Bön ab, die im 7. Jahrhundert in Zentral-Tibet eingeführt wurde; in ihr lassen sich neben den Einflüssen alttibetischer Glaubensvorstellungen auch Einflüsse indischer Yoga-Praktiken, indischer Mythologie, des Manichäismus, ja sogar des Buddhismus erkennen.

Wie einer Eintragung in den tibetischen Chroniken zu entnehmen ist, fand bereits in der Zeitperiode der alten tibetischen Könige ein wichtiger Kontakt zwischen Zentral-Tibet und Zhang Zhung statt. Der Grund dafür war folgender: Der Nachfolger Srithri Tsänpos, König Drigum Tsänpo, wurde von seinem Minister Lo Ngam ermordet; da man aber in Tibet nicht wußte, wie der Totenkult für einen Monarchen zelebriert werden muß (Drigum Tsänpo und seine Vorgänger waren ja Könige von himmlischem Rang), lud man aus Kashmir, Dru-sha (im Norden von Tibet) und Zhang Zhung Priester ein, die in den Zeremonien der Königsbestattung kundig waren. Unmittelbar danach, unter König Pude Gung Gyäl, dem Nachfolger des Drigum Tsänpo, kam es in Tibet zu einem kulturellen Aufschwung. Im Ladakh-Gyälrab[22] ist zu lesen: *„Holz wurde zu Kohle gebrannt. Eisen-, Kupfer- und Silbersteine wurden gefunden und dann diese drei Steine durch die (Holz-) Kohle in Fluß gebracht und daraus Silber, Kupfer und Eisen gezogen. Holz wurde bearbeitet und zu Pflügen und Ochsengespannen gemacht, danach das Steppenland zu Feldern gepflügt, Bewässerungskanäle gezogen und Brücken über den Gewässern errichtet.“* Waren die Kontakte mit dem Westen für diesen kulturellen Aufschwung ausschlaggebend? Der Gedanke scheint gar nicht so abwegig.

Olmolungring

Die Anhänger der Bön, die sogenannten Bönpos, behaupten, daß der Ursprung ihrer Lehre im Land Olmolungring zu finden sei. Dieses Land, das ein Drittel der bestehenden Welt ausmachen und irgendwo westlich von Tibet liegen soll, wird wie ein erblüter Lotos unter einem Himmel beschrieben, der erscheint wie ein achtspeichiges Rad. Im Zentrum erhebt sich der Berg Yung Drung Gu Tseg (wörtlich: *„neun übereinandergetürmte Svastikas“).* An seiner Basis entspringen vier Ströme, die in die vier Kardinalrichtungen fließen. Eine Anzahl von Tempeln, Städten, Parks etc., die rund um den Berg angelegt sind, bilden die innere Region (Nangling) von Olmolungring. Die Zwischenregion (Barling) besteht aus zwölf Städten, von denen je drei in den Kardinalrichtungen liegen. Die dritte Region umfaßt das äußere Land (Thaling). Die drei Regionen sind eingeschlossen von einem Ozean und noch einmal von einer Kette von Schneebergen.

In dieser Beschreibung Olmolungrings läßt sich eine *„verklärte“* Darstellung von Zhang Zhung mit dem Berg Kailash als religiös-mystisches Zentrum erkennen. Für die Bönpos steht die geografische Lage Olmolungrings natürlich nicht so im Vordergrund wie der Symbolgehalt. Den Namen dieses mystischen Landes interpretieren sie so: *„ol"* symbolisiert das Ungeborene; *„mo"* das *„Nichtwenigerwerdende"*; *„lung"* die prophetischen Worte von Shenrab, dem Stifter der Bön; und *„ring"* das Mitgefühl des Shenrab.

Shenrab

Die Tradition der Bön spricht von achtzehn Heilskündern in diesem Weltalter. In ihren Texten nennen sie aber nur drei davon mit Namen: Dagpa, Selwa und Shepa. Diese drei sollen einst in einer der Himmelssphären bei dem Guru Bumthri Logi Chechen die Bön-Doktrin studiert haben. Dabei kam auch die Frage auf, wie den lebenden Wesen im leidvollen Existenzenkreislauf geholfen werden könne. Bumthri Logi Cechen riet seinen drei Schülern, als Führer der Menschen aktiv zu werden und die Bön-Lehre zu verbreiten. Seinen Rat befolgend, stieg Dagpa zuerst in die Welt hinab. Ihm folgte (und zwar im gegenwärtigen Weltalter) Selwa, der den Namen (oder besser den Titel) Shenrab erhielt. Das Auftreten von Shepa steht noch aus.

Shenrab, Stifter der Bön-Religion.

Shenrab wurde im Palast Barpo Sogye südlich des Berges Yungdrung Gu Tseg in Olmolungring geboren als Sohn der Königin Gyäl Zhäma und des Königs Gyäl Bön Thäkar, der von den Mu (jener in den Himmelssphären angesiedelten Dämonensippe) abstammen soll. Obwohl Shenrab schon als Kind beginnt, die Bön-Lehre zu predigen, heiratet er die Tochter des Königs von Hos-mo, die Hos-zu Gyälme, und führt zunächst ein eher bürgerliches Leben. Hos-zu Gyälme schenkt ihm zuerst zwei Söhne, die seine Schüler werden.

Shenrabs Bestreben, die Bön-Doktrin zu verbreiten, wurde ständig behindert durch die Attacken des Dämons Khyapa Lagring, der mit den gefährlichen Dü in Verbindung stand. Khyapa Lagring gelang es auch, eine Tochter des Shenrab zu entführen und sie zu seiner Gemahlin zu machen. Er zeugte mit ihr zwei Kinder, die Shenrab aber den dämonischen Einflüssen seines Schwiegersohns entziehen kann. Darauf stiehlt dieser Shenrabs Pferd und flieht damit gen Osten. Während ihm Shenrab hinterherjagt, gelangt er auch nach Tibet und gibt bei dieser Gelegenheit dort eine kleine Einweisung in Bön-Rituale. Doch die Tibeter sind nicht vorbereitet auf die Bön-Religion, und so kommt es auch zu keiner allgemeinen Verbreitung derselben in Tibet. Shenrab kann schließlich Khyapa Lagring bezwingen und ihn in die Gemeinde seiner Jünger einreihen.

Mit 31 Jahren zieht sich Shenrab aus dem Familienleben zurück, um als Einsiedler zu leben. Bis ins hohe Alter meditiert er in verschiedenen Gegenden um den Berg Yungdrung Gu Tseg. Er stirbt im Alter von 81 Jahren (vermutlich nach 500 n. Chr.).

Geschichtlicher Abriß der Bön in Tibet

Im 7. Jahrhundert, während der Regierungszeit des 33. tibetischen Königs Srongtsän Gampo, gelangt die systematisierte Bön von Zhang Zhung nach Zentral-Tibet. Srongtsän Gampo war ein toleranter König, der seinem Volk Religionsfreiheit gewährte. Sehr eindrucksvoll kommt dies in dem Baubericht über den ersten Tempel von Lhasa zum Ausdruck, niedergelegt in der Chronik Gyälrab-Sälwä-Melong: *„Auch die Lamas erschienen: 'Dieser Tempel des Königs möge im Stil der Lamas erstehen!' So verkündeten sie. Auch die Magier erschienen: 'Dieser Tempel des Königs soll im Stil der Magier erstehen!' So sagten sie. Auch die Bönpos erschienen: 'Dieser Tempel des Königs soll im Stil der Bönpos erstehen!' So sagten sie. Auch die tibetischen Untertanen erschienen: 'Dieser Tempel des Königs soll im Stil des Volkes erstehen!' So sagten sie. Dies erfreute den König sehr, und er gab kund, daß er alle (Vorschläge) annehmen werde. (...) Und weil die Tore nach Art eines Mandala hergerichtet wurden, freuten sich die Lamas. Weil die Pfeiler nach der Art von Magierdolchen (d. h. Phurpu) hergerichtet wurden, freuten sich die Magier. Weil die vier Ecken nach der Art von Svastikas hergerichtet wurden, freuten sich die Bönpos. Durch das Herrichten (der Wandflächen) nach der Art von Schachbrettquadraten erfreuten sich die tibetischen Untertanen.“* [23]

Der 34. tibetische König und seine beiden Nachfolger waren dem Buddhismus nicht sehr zugetan. Auch den Aristokraten wurde die Religion aus Indien immer verdächtiger; sie sahen die tibetische Kultur und vor allem ihre Position im Staat gefährdet. Erst der 37. König bemühte sich wieder um eine Verbreitung des Buddhismus in Tibet; er holte u. a. Mönche aus China ins Land, um die buddhistische Lehre unter seinen Untertanen zu fördern. Doch er hatte damit wenig Erfolg und verstarb frühzeitig. Der Minister Mazhang, ein eifriger Anhänger der Bön aus Zhang Zhung, setzte schließlich ein Gesetz durch, wonach es nicht erlaubt sein sollte, dem Buddhismus anzuhängen. Als jedoch der 38. König, Thisrong Detsän, mündig wurde, änderte sich die Situation grundlegend. Dieser König (756 inthronisiert) hatte durch seine politischen Erfolge die absolute Macht im Staat erlangt. Seine Vorliebe galt dem Buddhismus, und so berief er indische Gelehrte, wie Shantarakshita, und schließlich den großen Guru Padmasambhava nach Tibet. Dieser stiftete (787, nach zwölf Jahren Bauzeit) das erste tibetische Kloster, Samye. Als Gegenreaktion holten die führenden Bön-Anhänger unter den Aristokraten Gelehrte der Bön aus Zhang Zhung nach Tibet.

Die ersten Bön-Schriften stammten von den sechs Schülern des Mucho Demdrug, dem Nachfolger Shenrabs. Der Bön-Gelehrte Shangri Bucän aus Zhang Zhung folgte dem Ruf der tibetischen Bön-Opposition und ging mit seinem Übersetzer Thangnag Bönpo nach Tibet. Ein großer Verfechter der Bön war dort Lishi Tagring. Da die Bönpos noch keine selbständigen Einrichtungen in Zentral-Tibet besaßen, gewährten ihnen die Buddhisten in einem Tempel des Klosters von Samye Räumlichkeiten, um ihre Texte aus der Zhang-Zhung-Sprache ins Tibetische übersetzen zu können: ein Beweis, daß der Streit zwischen Bön und Buddhismus zunächst sehr fair und nur auf philosophischer Ebene ausgetragen wurde.

Der König setzte schließlich eine große öffentliche Disputation zwischen Buddhisten und Bönpos an, um zu entscheiden, welche Religion künftig in Tibet verbreitet werden sollte. Padmasambhava nahm es mit Thangnag Bönpo auf, Shantarakshita mit Shangri Bucän, Vimalamitra, ein anderer Gelehrter aus Indien, mit Lishi Tagring. Der Disput ging eindeutig zugunsten der Buddhisten aus, worauf die meisten Bönpos aus Zentral-Tibet abwanderten und sich in der Peripherie des Landes, in verschiedenen Gegenden Nepals und Nord-Indiens niederließen, wo ihre Religion bis ins 20. Jahrhundert lebendig blieb.

Der 41. tibetische König, Rälpacen, gewährte den buddhistischen Mönchen viele Privilegien, was erneut Zorn unter der Aristokratie erzeugte. Sie waren immer noch Anhänger der Bön, und sie suchten nach Möglichkeiten, den Buddhismus in Tibet endgültig auszuschalten. Nach einigen inszenierten Intrigen zettelten sie einen Staatsstreich an, töteten Rälpacen und setzten an dessen Stelle seinen Bruder, den Langdarma, auf den Thron. Danach kam es zu einem Pogrom gegen alle Buddhisten. Ihre Tempel wurden systematisch zerstört, die Mönche verfolgt und getötet. Um dieser Tyrannei ein Ende zu bereiten, verübte der Yogi Pälgyi Dorje (im Jahre 836) auf Langdarma ein Attentat. Das Resultat war eine blutige Fehde zwischen den Clans des Sohns und des Stiefsohns Langdarmas um die Thronnachfolge. Die Auseinandersetzungen gipfelten in einen Bürgerkrieg, an dessen Ende das tibetische Reich in viele kleine Teilstaaten zerbrach. Sowohl Buddhismus als auch Bön waren in den Wirren des Krieges untergegangen.

Vom 9. bis 11. Jahrhundert wissen wir praktisch nichts von der Bön. Die Erneuerung dieser Religion in Tibet begann mit der Wiederentdeckung wichtiger Bön-Texte durch Shenchen Luga im Jahre 1017. Er war ein direkter Nachkomme Shenrabs, und zwar verläuft sein Stammbaum über Shenrabs Sohn Kongtsha Wangdän. Die Nachkommen dieser Familie leben heute noch in Tibet.

Nach der Jahrtausendwende wurde auch die Lehre Buddhas in Tibet durch das Wirken des indischen Heiligen und Gelehrten Atisha grundlegend erneuert. Der Buddhismus erwies sich philosophisch gegenüber der Bön als bedeutend stärker und wurde bald bei den Tibetern sehr beliebt. Um dennoch in Tibet heimisch zu bleiben, blieb deshalb den Bönpos nichts anderes übrig, als ihre religiöse Praxis der des Buddhismus immer mehr anzupassen. Und das bedeutete, daß von den Bönpos der gesamte Kultus des tibetischen Buddhismus schrittweise übernommen wurde – immer aber in einem gewissen Gegenspiel zu diesem. So vollzogen die Bönpos die rituelle Umwandlung des heiligen Kailash nicht wie die Buddhisten im Uhrzeigersinn, sondern entgegengesetzt. In dieser Richtung umschritten sie auch ihre Heiligtümer, und in einer solchen Richtung drehten sie ihre Gebetsmühlen. Wobei sie dazu nicht das übliche Mantra *om-ma-ni-pad-me-hum,* sondern *om-ma-tri-mu-ye-sa-le-du* rezitierten.

Shenchen Luga hatte drei Schüler, die er mit der Überlieferung der drei Traditionen der Bön betraute. Und zwar lehrte er den aus einem Dru-Clan (Giligit) stammenden Druchen Namkha Yungdrung Kosmologie und Metaphysik. Dieser gründete 1072 das Kloster Yäru Bensakha, das bis 1386 ein bedeutendes Bön-Zentrum war. Dann wurde es durch eine Flutkatastrophe stark beschädigt und anschließend verlassen. Jener Dru-Clan sponserte aber weiterhin Einrichtungen der Bön-Religion. Im 19. Jahrhundert dann wurde innerhalb dieser Familie eine der Inkarnationen des Panchen Lama gefunden, wodurch sie sich von der Bön abwandte.

Der zweite Schüler des Shenchen Luga war Zhuyä Legpo. Er erhielt Unterweisungen im Dzog-chen und gründete das Kloster Kyikhar Rizhing. Seine Nachkommen leben heute in Indien.

Shenchen Lugas dritter Schüler, Patön Pälchog, war für die Überlieferung der Tantra-Tradition der Bön verantwortlich. Seine Familie lebt heute in der osttibetischen Provinz Kham.

Ein anderer Bön-Gelehrter, der an der Erneuerung dieser Religion mitwirkte, war Me'u Khäpa Pälchen (geb. 1052). Unter seiner Anleitung entstand das Kloster Zhangri, das als philosophische Fakultät zwischen dem 11. und 14. Jahrhundert eines der vier wichtigen Bön-Zentren Tibets war.

Zu politischer Macht gelangte die Bön noch einmal im 17. Jahrhundert in der osttibetischen Landschaft Be-ri unter Dönyö Dorje. Er leitete eine Verfolgung aller Buddhisten ein. Doch als zur Mitte jenes Jahrhunderts der Mongolen-Khan Gushri Tibet eroberte, wurde auch die Macht Dönyö Dorjes gebrochen. Gushri-Khan legte das eroberte Tibet dem 5. Dalai Lama als Geschenk zu Füßen. Damit begann die Zeit der tibetischen Theokratie. Die Klöster der Bönpos in Be-ri wurden darauf in Einrichtungen des Buddhismus umgewandelt.

Ein wichtiges Zentrum der Bön war das 1405 in der südtibetischen Provinz Tsang von dem Gelehrten Nyame Sherab Gyältshän (1356 bis 1415) gegründete Menri. Im Jahre 1834 kam als Außenkloster Yungdrung Ling und später noch Kharsna hinzu. Insgesamt gab es bis zu Beginn des 20. Jahrhunderts etwa 330 Bön-Klöster in Tibet. Während der maoistischen Kulturrevolution (1966 bis 1976) wurden sie ausnahmslos von den Roten Garden zerstört. Als ich 1992 Tibet besuchte, befand sich Menri wieder im Aufbau.

Kosmogonie

Die Kosmogonie der Bön-Religion ist von außerordentlichem Interesse. Denn in ihr treten ganz klar Einflüsse des Manichäismus und der Mythologie Indiens hervor.

In der Zeit der Upanishaden (etwa ab 850 v. Chr.) kam im indischen Geistesleben der Mythos vom Welten-Ei auf: Im Ur-Ozean schwimmt das Ur-Ei, das sich zerteilt und so alle Geschöpfe hervorbringt. Dieser Mythos wurde später immer wieder aufgegriffen und, neben den anderen kosmogonischen Hymnen aus der vedischen Literatur, weiterentwickelt. In einer der Versionen wird berichtet, daß Brahma aus dem Ur-Ei hervorging und danach die Welt erschuf.

Der Manichäismus als Weltreligion ist lange verschwunden, doch die heute zur Verfügung stehenden manichäischen Quellen ermöglichen es, das von Mani (216 bis 276 n. Chr.) begründete System zu rekonstruieren. Ausgangspunkt der manichäischen Kosmogonie sind die sich gegenüberstehenden Reiche des Lichts und der Finsternis. Im Lichtreich herrscht der Vater der Größe. Das Reich der Finsternis ist geprägt von Unruhe und Uneinigkeit. Dies führt dazu, daß die Finsternis das Licht angreift und sich mit ihm zum Teil vermischt. Durch die Wechselwirkung von Licht und Finsternis kommt es zur Erschaffung der Welt.

Eine der kosmogonischen Spekulationen der Bön-Religion ist nun folgende:

Am Anfang war das Ur-Nichts (Ye-me). Daraus ging allmählich das Ur-Sein (Ye-yö) hervor. Das Ye-yö gebar aus sich zwei Prinzipien: Licht-väterlich und Finsternis-mütterlich. Dann entstand Kälte. Daraus ging ein spiegelnder See hervor. Darauf bildete sich eine Haut, die sich zum Ei rundete. Aus dem Ei schlüpfte ein weißer Vogel *(„Lichtreicher Glanz")* und ein schwarzer Vogel *(„Qualvolle Finsternis").* Aus der Vereinigung der Vögel entstanden drei Eier: ein weißes, ein schwarzes und ein scheckiges; aus dem weißen entstand das Geschlecht der Götter; aus dem schwarzen entstand der Anmaßende Schwarze Mann (das Ur-Böse); aus dem scheckigen (das heißt also: aus der Vermischung des Lichts mit der Finsternis) entstand der Weltgott Sangpo Bumthri. Dieser hatte kein Auge zum Sehen, kein Ohr zum Hören, keine Nase zum Riechen, keine Zunge zum Schmecken, keine Hand zum Ausstrecken und keinen Fuß zum Gehen, sondern nur einen Geist zum Denken, der ihm als Äquivalent für das sehende Auge, das hörende Ohr, die riechende Nase, die schmeckende Zunge, die sich ausstreckende Hand und den gehenden Fuß diente. Sangpo Bumthri rief nun durch Wunschgebete die belebte und unbelebte Welt ins Dasein.

Grundelemente dieser Bön-Kosmogonie sind also, wie beim Manichäismus, die beiden gegensätzlichen Prinzipien Licht und Finsternis. Die Wechselwirkung beider führt zur Schöpfung.

Innerhalb der Bön-Mythologie gab es auch Vorstellungen über die Entstehung der Welt aus Teilen eines Ur-Wesens. Und zwar ist von einer Königin der Lu (Lumo) die Rede, die aus der Leere geboren wurde und *„welche die Welt in Ordnung brachte ... Aus der Spitze ihres Kopfes wurde der Himmel, aus dem rechten Auge der Mond, aus dem linken die Sonne, aus den oberen vier Vorderzähnen vier Planeten.*

Öffnete die Lumo ihre Augen, war es Tag, schloß sie sie, Nacht. Aus weiteren je zwölf oberen und unteren Zähnen entstanden die Mondhäuser, aus ihrer Stimme der Donner, aus der Zunge der Blitz, aus dem Atem die Wolken, aus den Tränen der Regen, aus der Zunge der Hagelsturm, aus den Nasenlöchern der Wind, aus dem Blut die fünf Ozeane, aus den Adern die Flüsse, aus dem Fleisch die Erde, aus den Knochen die Berge usw."[24] Diese Mythe stellt eine interessante Parallele zu jener im ersten Kapitel zitierten Hymne der indischen Rig-Veda-Sammlung dar.

Die Bön-Doktrinen

Es gibt drei schriftliche Darstellungen der Bön-Doktrinen. Die älteste und gleichzeitig kürzeste (Do-dü, Sutra-Zeit) ist eine Sammlung von Aphorismen. Die zweite wird *„Zermig"* genannt *(„Durchdringendes Auge")*. Diese beiden Sammlungen entstanden im 10. bzw. 11. Jahrhundert. Die dritte Schriften-Abteilung besteht aus zwölf Bänden; der Kurztitel lautet: Zhi-ji, *„Ruhmreiches"*. Es handelt sich um die transzendente Spiritualität der Bön. Man glaubt, daß diese Sammlung von dem Gelehrten Loden Nyingpo aus dem 14. Jahrhundert stammt.

Die Doktrinen, die in diesen drei Darstellungen aufgenommen sind, lassen sich in zwei Systeme gliedern. Eine Einteilung wird Go-zhi dzö-nga genannt (etwa: *„vier Tore und den Schatz als fünftes")*. Im ersten Abschnitt davon geht es um esoterische und höhere Tantra-Praktiken. Der zweite Abschnitt enthält Erzählungen und verschiedene Riten, Magie und gewöhnliche Rituale über Dinge wie Tod, Trauer und Krankheit und die Blu. Letzteres

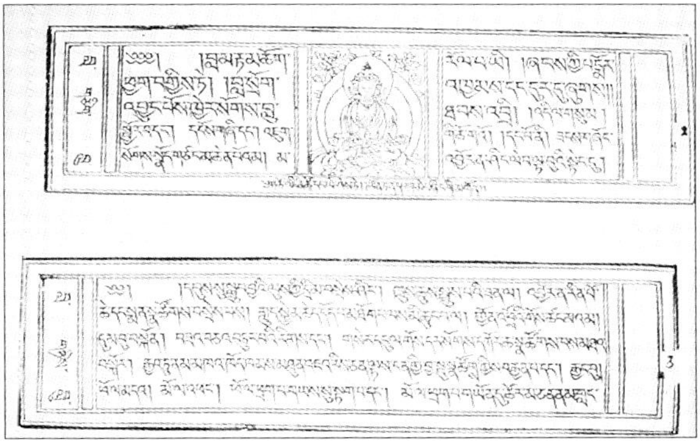

Tibetischer Blockdruck mit einem Text über das Bön-Ritual Blu. Die Übersetzung der ersten Zeilen lautet: „Beschrieben wird die Methode Blu (zur Erlösung) von Seele und Lebenskontinuität, wenn diese umherirren, in den Friedhof eingetreten sind oder von Elementargeistern geraubt wurden."

sind Methoden zum Freikauf von Seele (La) und Lebenskontinuität (Srog), wenn sie von Dämonen geraubt wurden oder sich auf andere Art vom Körper getrennt haben. Der dritte Abschnitt stellt Klosterregeln auf und gibt Erläuterungen philosophischer Begriffe. Abschnitt vier enthält die Praxis des Dzog-chen. Und der fünfte Abschnitt, der *„Schatz“*, faßt die prinzipiellen Aspekte der vier vorangegangenen zusammen.

Das zweite System wurde nach dem Vorbild von Padmasambhavas tibetisch-buddhistischer Lehre in sogenannte *„Neun Fahrzeuge“* unterteilt. Die ersten vier von diesen, die *„Fahrzeuge der Ursache“*, enthalten die Magie aus der früheren Zeit der Bön:

1. Chashen-Thegpa, *„Los-Shen-Fahrzeug“.* Es handelt sich um die Rituale Mo, mit welchen Ratschläge bezüglich Entscheidungen gegeben werden; des weiteren um Tsi, d. h. Astrologie; und Che, *„Prüfung von Zeichen“.* Außerdem sind hier die vorne bereits erwähnten To-Rituale zur Abwehr oder Besänftigung feindlicher Dämonen enthalten.
2. Nangshen-Thegpa, *„Erscheinungs-Shen-Fahrzeug“.* Natur und Ursprung von Göttern und Dämonen, die diese Welt bevölkern; außerdem Methoden von Exorzismus und die Blu, die auch im zweiten Abschnitt von Go-zhi dzö-nga enthalten sind.
3. Thrülshen-Thegpa, *„Emanations-Shen-Fahrzeug“.* Abwehr feindlicher Kräfte. Schamanistische Praxis. Die Bön-Priester, die diese ausüben, werden von der furchteinflößenden Gottheit Bäsä Nampa besessen, deren Stimme Donner und Hagel sind.
4. Sridshen-Thegpa, *„Existenzen-Shen-Fahrzeug“.* Beschäftigt sich mit dem Stadium unmittelbar nach dem Tod (Bardo) und zeigt Methoden der Befreiung aus dem Kreislauf oder zu einer günstigen Wiedergeburt.

Die nächsten vier Teile werden *„Fahrzeuge der Resultate“* genannt:

5. Genyen-Thegpa, *„Gelöbnis-Fahrzeug“.* Ein Äquivalent zur buddhistischen Ethik: u. a. die zehn Tugenden zur Vermeidung der zehn unheilsamen Handlungen, die auch im letzten Abschnitt des vorangegangenen Kapitels besprochen wurden.
6. Drangsrong-Thegpa, Klosterdisziplin.
7. A-kar-Thegpa, *„Fahrzeug des weißen A“.* Anleitungen höherer Tantra-Praktiken.
8. Yeshen-Thegpa, *„Ur-Shen-Fahrzeug“.* Tantra-Praktiken nur für Fortgeschrittene. Genaue Erklärungen der Mandalas und Meditationstechniken.
9. Lame-Thegpa, *„Unübertroffenes Fahrzeug“.* Repräsentant des höchsten buddhistischen Tantras: Anuttarayoga-Tantra. Auch Praxis des Dzog-chen, *„Große Vollendung“.* Diese Praxis führt bereits inner-

halb einer Existenz zur vollständigen Befreiung aus dem Existenzenkreislauf, d. h. zur Vereinigung mit dem Bön-Körper (Bön-Ku), der in der buddhistischen Drei-Körper-Lehre des Vajrayana dem Dharmakaya entspricht.

Ikonografie

Die Ikonografie der heutigen Bön-Religion ist ausnahmslos jener alten, von Padmasambhava in Tibet begründeten Schule des Vajrayana-Buddhismus (*„Nyingma“* genannt, d. h. die *„Alten“*) angepaßt. Nach dem Vorbild der Fünf Buddha-Familien schufen die Bönpos die Pentade der Shenrabs. Genau wie die Buddhas verweilen diese fünf Shenrab-Typen in Yoga-Position mit gekreuzten Beinen auf einem Lotos-Thron, und sie lassen sich durch Attribute und Körperfarben voneinander unterscheiden. Außerdem werden die einzelnen Shenrabs eingeteilt in Shenrab des Körpers, des Verkündens, der Guten Qualität, der Aktivitäten und des Geistes. Ein solches Schema ist auch bei den fünf Buddhas der Nyingma-Schule üblich. Als der den fünf Buddhas (bzw. fünf Shenrabs) übergeordneter Sechster (üblicherweise Vajradhara) dient im System der Bön wie in jenem der Nyingma die Figur des Samantabhadra (tibetisch: Küntu Zangpo), der im Mahayana-Buddhismus als Bodhisattva fungiert.

Die fünf Shenrabs sind:

1. Dewo Sungchen, Shenrab des Körpers, weiß, Attribut: Silber – Rad,
2. Desang Ö-bar, Shenrab des Verkündens, grün, Attribut: Eisen – Rad,
3. Logpa Kün-jung, Shenrab der Guten Qualität, rot, Attribut: Kupfer – Rad,
4. Nyompar Lhündrup, Shenrab der Aktivität, grün, Attribut: Türkis – Rad,
5. Thangma Ö-gyal, Shenrab des Geistes, gelb, Attribut: Gold – Rad.

(In einem alten tibetischen Text der Nyingma-Schule fand ich die fünf Buddhas in folgender Einteilung: Vairocana in Verbindung mit Körper, Akshobhya mit Geist, Ratnasambhava mit Guter Qualität, Amitabha mit Verkündung und Amoghasiddhi mit Aktivitäten.)

Auch für die Figuren der Yi-dams wie der Bodhisattvas – ob weiblich oder männlich – gibt es bei den Bönpos Repliken. Ich fand das selbst bestätigt bei meinem Besuch in einem nepalesischen Bön-Kloster. Der Bön-Mönch, der mich durch jene Klosteranlage führte, konnte mir sogar zu jeder der in Fresko dargestellten Figur des Bön-Pantheons die buddhistische Entsprechung sagen.

Auf Grund dieser einander gleichenden Ikonografie von Bön und Vajrayana-Buddhismus ist es für den Laien kaum möglich, zwischen einem tibetisch-buddhistischen Kloster und einem der Bönpos zu unterscheiden. Aber selbst Kenner der tibetischen Kultur haben oft Schwierigkeiten, ein Bön-Kloster auf Anhieb als ein solches zu erkennen – wie der nächste Abschnitt zeigen wird.

Begegnungen mit der Bön

Auf Grund dieses verheerenden Kulturvandalismus der paramilitärischen Roten Garden in den sechziger Jahren ist es heute nicht mehr möglich, in Tibet ein Bön-Kloster oder auch nur einen einfachen Schrein in seinem ursprünglichen Zustand zu besichtigen. Um so wertvoller sind jetzt die wenigen Berichte europäischer Reisender, die mit der Bön-Religion in Tibet in Berührung gekommen waren.

Der Topograph und Geologe Sven Hedin besuchte während seiner Transhimalaya-Expedition (1906 bis 1908) das Bön-Kloster Tarting-Gompa in Süd-Tibet. Doch Hedin wurde sich des Umstands, keine buddhistische Einrichtung zu betreten, gar nicht bewußt. Er spricht in seinem Bericht von einer unreformierten *„Bembo-Sekte“.* (Das war natürlich ein Hörfehler: Bönpo anstatt *„Bembo“.)* Auch daß um Tarting-Gompa herum die übliche Inschrift von *om-ma-ni-pad-me-hum* durch das Bön-Mantra *om-ma-tri-mu-ye-sa-le-du* (Hedin schreibt: *„Om mati moje sale do“)* ersetzt war, erschien ihm nicht verdächtig. Die sich oft wiederholende Figur des linksdrehenden Hakenkreuzes (wie es bei den Bönpos üblich war) interpretiert Hedin als Zeichen der *„Zugehörigkeit zur Bembosekte“.* Über den Rundgang in Tarting-Gompa schreibt er im ersten Band von *„Transhimalaya“:* [25]

„Wir treten nun in das Lhakang ein, und ich muß gestehen, daß ich im Portale erstaunt zurückfuhr, denn wohl hatten wir viele Göttersäle in Tashi Lumpo gesehen, einen so großen, alten und in seiner mystischen Beleuchtung so wunderbar bezaubernden aber noch nicht.

Welch farbenreiche und doch gedämpfte Stimmung! Das Segotschummo-lhakang, wie es genannt wird, gleicht einer Krypta, einer Märchengrotte, bei der man an Elephantas Felsentempel denkt, aber hier ist alles von rotangestrichenen Holz, und 48 Säulen tragen das Dach ... Ihre Kapitäle sind in Grün und Gold gehalten und ebenso geschmackvoll wie reich geschnitzt, und die Decke zieren drollige

Gebälkvorsprünge, geschnitzte Löwen, Arabesken und Ranken. Der Fußboden besteht aus Steinplatten, zwischen deren Ritzen sich der Staub der Jahrhunderte angesammelt und alle Lücken ausgefüllt hat, so daß er glatt und blank wie Asphalt ist. Das Tageslicht fällt durch ein viereckiges Oberlicht, das ein Kettennetz überspannt, in den Saal.“

Als Hedin dann, wie in buddhistischen Heiligtümern üblich, von rechts nach links gehen wollte, eilten Lamas herbei, um ihn davon abzuhalten (denn die Bönpos gehen bei rituellen Umwandlungen dem Uhrzeigersinn entgegengesetzt). Doch auch diese Reaktion der Lamas war Hedin nicht verdächtig.

Wie schwer es sogar einem buddhistischen Gelehrten fällt, eine Bön-Einrichtung als solche zu erkennen, zeigt eine Episode aus den Memoiren von Lama Govinda, *„Der Weg der weißen Wolken“.*[26] Der gelehrte Lama erzählt dort, wie er mit seiner Lebensgefährtin Li Gotami während einer Reise nach West-Tibet vier Tagesreisen westlich des Kailash (im ehemaligen Zhang Zhung also) in ein tiefes Tal gelangte. Gegen Abend entdeckten sie ein Kloster mit einer Höhlenwohnung. *„Die gesamte Szenerie“*, schreibt Govinda, *„erinnerte an das Tal der Könige von Theben in Ägypten, mit den kubischen Formen der Tempelbauten am Fuß vegetationsloser Tafelberge. Überraschend jedoch war die augenscheinliche Neuheit und Sauberkeit der frischgetüchten, rot-kantigen Gebäude, die sich wie eine Festung aus dem einsamen, sonst völlig unbewohnten Tal erhoben.“* Im Kloster war kein Lebenszeichen zu bemerken, und den Reisenden, die recht erschöpft waren und gehofft hatten, in der Einsiedelei eine bequeme Unterkunft zu finden, blieb somit nichts anderes übrig, als erneut im Zelt zu übernachten. Am nächsten Tag statteten sie dem Abt, der in der Höhlenwohnung kampierte, einen Besuch ab. Die Reisenden wurden auf einem schmalen Pfad am Fuß der Felswand hinaufgeführt, dann ging es über eine Treppe im Fels bis zu einer Falltür, die hochgezogen wurde. *„Nach ein paar weiteren Stufen“*, schreibt Govinda, *„befanden wir uns in einer hellen Höhle dem Abt gegenüber. Er saß auf einem hohen Thron, der von einem dekorativen hölzernen Rahmen eingefaßt war. Das Ganze erinnerte etwas an eine Portierloge mit einem Fenster im maurischen Stil. Ein seltsamer Kontrast zu dem neolithischen Stil einer Höhlenwohnung! Die Wände der Höhle waren sorgfältig geglättet und mit minutiös ausgeführten Fresken geschmückt, die aus unzähligen kleinen Buddhafiguren bestanden. Erst bei näherem Zusehen entdeckten wir, daß diese ‘Fresken’ aus einer Unmenge farbiger Kunstdrucke bestanden, deren einzelne Blätter, geschickt nebeneinandergeklebt, die Wände der Höhle wie eine Tapete bedeckten. Dieselben Drucke waren wieder und wieder benutzt worden, aber die*

Darstellung einer lokalen tibetischen Gottheit, die schon zur Zeit der Bön-Religion verehrt und später vom tibetischen Buddhismus adoptiert wurde.

Wiederholung der gleichen Figuren in regelmäßigen Folgen erhöhte den dekorativen Gesamteindruck und war durchaus in Übereinstimmung mit den traditionellen Fresken der 'Tausend Buddhas', wie sie häufig in alten Tempeln und Höhlen zu finden sind. Das gedämpfte Licht, das durch das offene Fenster der Höhle drang, trug dazu bei, die Farben zu harmonisieren, so daß sie denen wirklicher Fresken glichen. Der Abt erwies sich als ein einfach gekleideter Mann mittleren Alters, mit einem intelligenten Gesicht und von würdiger Haltung." Den Gästen wird Buttertee gereicht, und sie tragen dem Abt ihr Anliegen, das Mieten neuer Lasttiere und Führer, vor. Der Abt bedauert, beides nicht zur Verfügung stellen zu können. Darauf merkt Govinda an, daß er auf das von Lhasa verbriefte Recht auf Führern und Lasttieren bestehen könne. Der Abt lacht jedoch nur, als sei dies ein schlechter Witz gewesen. Govinda konnte keinen Grund für diese Reaktion seines Gastgebers finden, und er wechselte das Thema. Er sprach dem Abt seine Bewunderung für die künstlerische Ausstattung der Höhle aus. *„Bei dieser Gelegenheit"*, schreibt er, *„erfuhren wir, daß er verschiedentlich in Indien gewesen sei und dort eine Anzahl Reproduktionen religiöser tibetischer Rollbilder habe anfertigen lassen – eben jener,* *die wir an den Wänden seiner Höhle bewunderten. Er hatte bei dieser Gelegenheit auch einige wichtige Texte der heiligen Schriften drucken lassen und zeigte mir Proben davon. Obwohl mir die Titel bekannt erschienen, enthielten die Texte seltsame Namen und Mantras, die mich daran zweifeln ließen, ob es sich wirklich um buddhistische Schriften handelte."*

Am nächsten Tag durften Govinda und Li Gotami das Kloster besichtigen, und erst als sie bemerkten, daß derjenige Mann, der vom Abt beauftragt worden war, die Gäste zu führen, im entgegengesetzten Uhrzeigersinn um das Kloster ging – was bei tibetischen Buddhisten als höchst ungehörig gilt –, erkannten sie, daß sie es mit einem Kloster der Bönpos zu tun hatten. *„Der Einfluß des Buddhismus auf die Bön-Religion war so überwältigend"*, erklärt Govinda, *„daß sie buddhistische Methoden der Klassifizierung und Darstellung übernahm und ihre Lehren in buddhistische Terminologie kleidete. Was daher unter den Namen 'Bön' geht, ist kaum mehr als ein Abklatsch des Buddhismus oder eine weitere Sekte des Lamaismus. Dies scheint auch die Auffassung des einfachen Mannes in Tibet zu sein, wie wir aus dem Verhalten unserer Karawanenleute ersehen konnten, denen der Gedanke, daß dieses Kloster keine buddhistische Stätte sei, gar nicht zu kommen schien. Sie betrachteten es bloß als einer anderen buddhistischen Sekte zugehörig, die sich nur äußerlich von den ihnen vertrauten Schulen unterschied. Das war auch der Hauptgrund, der uns anfangs daran gehindert hatte, an die Möglichkeit eines Bön-Klosters zu denken, obwohl die Provinz Zhang Zhung, in der es liegt, als das Ursprungsland der Bönpos gilt.*

Bevor wir den Haupttempel betraten, beobachteten wir unter den Fresken der Vorhalle das uns vertraute Lebensrad. Aber statt der gebräuchlichen Darstellung der zwölf Glieder der buddhistischen Formel des 'Abhängigen Entstehens'... fanden wir deren dreizehn. Die hinzugefügte Abteilung stellte den Zustand der Versenkung oder der Schauung dar, in Form einer buddhaähnlichen Gestalt, die zwischen den Symbolen des Sterbens und der Wiedergeburt eingeschoben war."

In ihrem Buch *„Mönche und Strauchritter"*[27] erzählt Alexandra David-Néel von einem Besuch in einem Bön-Kloster. Dabei hebt sie folgende Episode besonders hervor: Die Bönpos feierten im Tempelsaal gerade ihre Andacht, als einer der Diener von Frau David-Néel ziemlich unwirsch hereinstürzte und vom Zeremonienmeister deshalb zurechtgewiesen wurde. Der Diener, der offensichtlich nichts von den Bön-Priestern hielt, lief frech durch den Saal auf den Zeremonienmeister zu. Dieser nahm daraufhin ein Schlaginstrument zur Hand, das

Shang genannt wird; *„es hat annähernd die Form eines Schallbeckens mit nach innen gebogenen Rändern und ist mit einem Schlegel versehen. Man verwendet es wie eine umgekehrte Glocke, indem man den Schlegel darüber hält.“* Das Instrument erzeugte plötzlich einen derart fürchterlichen Ton, daß der Diener schreiend zusammenbrach. Später versicherte er, aus dem Shang seien Schlangen hervorgekommen. Frau David-Néel erkundigte sich deshalb bei dem Zeremonienmeister nach dem interessanten Instrument. Dieser reichte Frau David-Néel das Shang; sie brachte damit jedoch nur äußerst unschöne Töne hervor. Der Zeremonienmeister zauberte dagegen auf dem Shang liebliche Klänge, die so ganz anders waren als jene in der Tempelhalle, die den Diener derart aus der Fassung gebracht hatten. Auf ihre Verwunderung über dieses Phänomen erhielt Frau David-Néel folgende Erklärung: *„Alle Wesen, jedes Ding bringt einen besonderen, ihm eigenen Ton hervor, doch wandelt sich dieser entsprechend den verschiedenen Zuständen, durch die das Wesen oder Ding, das ihn erzeugt, hindurchgeht. Wieso? Wesen und Dinge sind Zusammenballungen kleinster Teilchen, diese tanzen und bringen durch ihre Bewegung die Töne hervor.“* Der Bönpo äußerte sich dann noch weiter: *„So heißt die Lehre: Im Anfang war der Wind. Durch sein Wirbeln bildete er die Gyatams, den Urgrund unserer Welt. Dieser Wirbelwind tönte, also hat der Ton den Stoff ... geformt. Durch das Tönen dieser Gyatams entstanden weitere Formen, die ihrerseits kraft ihres Tönens neue hervorbrachten. Und das ist nicht etwa nur eine Mär aus vergangenen Tagen, sondern es ist immer das gleiche. Jedes kleinste Teilchen ... singt immerwährend sein Lied, und dieses Tönen erzeugt in jedem Augenblick grobe und feine Töne, die zusammenfügen, und andere, die auseinanderreißen. Wer imstande ist, beide Arten hervorzurufen, hat die Macht, nach Belieben aufzubauen oder zu zerstören. Wahrlich, der Dubthob, der den Urzerstörerton – den Urgrund aller zerstörenden Töne – erklingen zu lassen wüßte, wäre fähig, diese Welt und alle Götterwelten bis hinauf zu der Großen ‘Dreiunddreißig’ ... wovon die Buddhisten sprechen, zu zerstören!“*

In den letzten dreißig Jahren haben die im indischen und nepalesischen Exil lebenden Bönpos sich stark engagiert, um die Tradition ihrer Religion zu bewahren. Bereits während einer Konferenz im Jahre 1963 von allen Oberhäuptern der verschiedenen Richtungen des tibetischen Buddhismus in der neuen Exilresidenz des Dalai Lama waren Vertreter der Bön-Religion mit anwesend. Und auch in der Kommission der Abgeordneten des Tibetischen Volkes, die dem Dalai Lama untersteht, gibt es Sitze für Bönpos. Von großer Bedeutung für die Pflege der Bön-Tradition außerhalb Tibets ist das Bön-Kloster

Haupttempel des Bön-Klosters Thri Ten Norbu Tse.

Yungdrung in Indien, offiziell genannt: Yungdrung Bön Monastic Center.

Ein Meilenstein innerhalb der Bewegung zur Erhaltung dieser alten Religion war 1986 die Einweihung des Klosters Thri Ten Norbu Tse durch das Oberhaupt der Bön-Religion, Seiner Heiligkeit, Lopön Tenzin Namdak Rinpoche. Die Gebäude von Thri Ten Norbu Tse liegen malerisch am Fuße des Nagarjun-Hill westlich von Kathmandu. Der Haupttempel des Klosters ist eine prachtvolle Weihestätte. Seine Außenmauern neigen sich – gemäß der traditionell tibetischen Bauweise – zur Höhe hin nach innen und sind rot getüncht. Unter den Wandmalerein in der Vorhalle findet sich auch eine schematische Abbildung des mystischen Landes Olmolungring. Der Tempelsaal, der einen quadratischen Grundriß hat, ist in ein gedämpftes, geheimnisvoll wirkendes Licht getaucht. Die Deckenbalken werden von vier rot bemalten Holzsäulen getragen. In der Altarapsis dem Eingangsportal gegenüber thront eine riesige gekrönte Statue des Shenrab in Meditationshaltung mit gekreuzten Beinen. Die Längswände sind mit Fresken überzogen, die zahllose Miniaturfiguren des Bön-Pantheons in Yoga-Haltung zeigen.

Das Kloster ist auch stets geöffnet für Besucher aus dem Westen, die sich für die Bön interessieren; es werden Info-Texte in verschiedenen Sprachen angeboten, und sonntags finden Teachings in Englisch statt. Es ist sogar möglich, vorübergehend im Kloster zu wohnen, um den Tagesablauf der Bön-Mönche studieren zu können.

Die Bönpos haben ihren eigenen heiligen Berg, den 5995 Meter hohen Bön-ri, rund 20 Kilometer nordöstlich des Sees Manasarovar in West-Tibet. Doch auch nach wie vor vertreten sind die Bönpos am Kailash, den sie, ihrer Sitte gemäß, dem Uhrzeigersinn entgegengesetzt umwandeln. Und kein Gläubiger einer der anderen Religionen, die dem Berg huldigen – ob Buddhist, Hindu oder Jaina –, nimmt daran Anstoß.

Nachlese

Die anderen Religionen im indo-tibetischen Raum, kurz zusammengefaßt

Es steht nun noch an, die wichtigsten anderen religiösen Strömungen im indo-tibetischen Raum kurz darzustellen oder zumindest zu erwähnen. Im Wesentlichen sind das Christentum, Islam und Sikhismus. Der Einfluß des Taoismus auf die besagte Region war gering; jedoch wurde der Taoismus vom Buddhismus in China beeinflußt. Der Manichäismus ist heute verschwunden, spielte aber in früheren Jahrhunderten eine gewisse Rolle im Westen Indiens und Tibets. Der Zoroastrismus hat in Indien nur noch eine zahlenmäßig sehr geringe Anhängerschaft (die Parsen).

Eine auch nur knappe Darstellung der moslemischen Eroberung Indiens und der christlichen Missionsgeschichte in Indien und Tibet würde den Rahmen dieses Anhangs erheblich übersteigen. Deshalb soll hier nur der Islam und die christliche Mission im Himalaya erwähnt werden. Außerdem wird kurz die Persönlichkeit Mohammeds vorgestellt.

Christliche Missionare in der Himalaya-Region und in Tibet

Die ur-christliche Lehre kam vermutlich schon während oder aber kurz nach der Zeit des Wirkens Jesu Christi in die Region des heutigen Kashmir. Denn von dem Parther-König Gondopharnes, der zu Beginn der Zeitrechnung die Herrschaft der Shaka in Indien ablöste und über Kashmir regierte, heißt es, daß er nicht nur ein Zeitgenosse Christi, sondern auch ein Anhänger dessen Lehre war. Ebenso wird berichtet, daß der heilige Thomas zu dieser Zeit nach Kashmir gekommen sei – ja, Jesus selbst hätte nach seiner Auferstehung in Kashmir gelebt. Dazu wurde auch ein Buch geschrieben, das in den achtziger Jahren in viele Sprachen übersetzt wurde: *„Jesus lebte in Indien"*. Leider aber ist der Autor Holger Kersten nicht in der Lage, dort auch nur einen einzigen überzeugenden Fakt anzuführen, der eine solche These erhärten könnte.

Die uns bekannte Geschichte der christlichen Mission im Himalaya beginnt 1500 Jahre nach Christi Geburt. Gegen Ende des 16. Jahrhunderts gründeten die Jesuiten im indischen Goa eine Missionsstation, genau an dem Ort, wo zuvor der heilige Franz Xaver, ein maßgeblicher Initiator des Ordens, gepredigt hatte. Die Missionare, die hier ihre Ausbildung erhielten, zogen später über Kashmir bis nach China, um das Wort Gottes zu verkünden. Einer der Novizen von Goa war Antonio de Andrade, 1580 in Oleiros, Portugal, geboren. De Andrade machte in Goa schnell Karriere und stieg schließlich zum Provinzial der Moggulgebiete auf. Bis zu seinem vierzigsten Lebensjahr führte der Pater ein seinen hohen Amtes gemäßes Leben. Dann bekam er Kunde von einem Königreich jenseits der Himalaya-Berge. Der König jenes Reiches sollte angeblich in einer nur eine Tagesreise vom Himalaya-Paß entfernten Stadt residieren. Diese Nachricht ging de Andrade nicht mehr aus dem Kopf. Es kann sein, daß er das eintönige und geregelte Leben eines Provinzials satt hatte. Jedenfalls legte er am 31. März 1624 sein Amt in Goa nieder und machte sich, begleitet von einem Laienbruder, auf den Weg nach Norden. Das Land, das de Andrade aufsuchen wollte, war das tibetische Königreich Gu-ge im West-Himalaya.

Nach zwei Monaten erreichte de Andrade den Ort Bandrinath an den Südhängen des Himalaya. Von hier aus ging die Reise nach Mana, dem Ausgangspunkt zum Dungri-Paß, weiter. Da die Bewohner von Mana de Andrade die Erlaubnis zur Weiterreise verweigerten, mußte er heimlich zum Himalaya-Paß aufbrechen. Wie er in einem späteren Reisebericht schreibt, kam ein entsetzlicher Schneesturm auf, und der Pater versank mit seinem Bediensteten *„manchmal bis zu den Schultern im Schnee ... Wir mußten uns liegend weiterziehen und wie Schwimmer mit den Armen und Beinen über den Schnee rudern."* Der Sturm tobte die ganze Nacht hindurch. *„Es schneite so heftig"*, schreibt de Andrade, *„daß wir einander nicht sehen konnten. Der Wind war furchtbar, und es war bitter kalt. Ab und zu mußten wir aufstehen und unsere Mäntel ausschütteln, sonst hätte uns der Schnee begraben. Unsere Füße, Hände und das Gesicht wurden gefühllos. Einmal, als ich nach etwas greifen wollte und fest zufaßte, brach ein Teil eines Fingers ab, was ich nicht nur nicht fühlte, sondern auch nicht bemerkte, bis ich Blut von meiner Hand strömen sah."* Am nächsten Tag überquerte de Andrade und sein Begleiter den Paß Dungri-La und fand sich in einer endlosen verschneiten Einöde wieder. *„Unsere Füße waren erfroren und geschwollen ... Es war alles nur eine einzige blendende Weiße vor unseren Augen, die schon durch Schneeblindheit geschwächt waren. Wir konnten keine Spuren eines Weges sehen, dem wir zu folgen hatten."* Nach einer weiteren grauenhaften Nacht beschloß de Andrade, nach Mana zurückzukehren. Zwei Tage später kam er halb erfroren dort an. Nachdem er wieder zu Kräften gekommen war, unternahm er mit erfahrenen einheimischen Trägern und Bergführern, die er für sein Unternehmen gewonnen hatte, einen erneuten Vorstoß, um den Himalaya zu überwinden. Diesmal gelang es ihm fast mühelos. Jenseits des Passes traf er auf Bewohner von Gu-ge, die den Jesuitenpater nach Tsaparang, der Residenz des Königs von Gu-ge, brachten. Pater de Andrade war damit der erste Europäer, der den Himalaya von Süden überquert hatte. Doch mit seiner Mission löste er nur politische Wirren aus, die schließlich zum Untergang des Reichs Gu-ge führten.[28]

Etwa vier Jahrzehnte nach der abenteuerlichen Reise von Pater de Andrade bezwang ein anderer Europäer das tibetische Hochland und den Himalaya von Norden her. Es war Johannes Grueber (1623 bis 1680) aus Linz, ebenfalls Jesuitenpater. Grueber hatte sich drei Jahre lang am Hof des chinesischen Kaisers aufgehalten. Da zu jener Zeit die holländische Flotte den Seeweg von China nach Europa blockierte, mußte der Jesuitenpater auf dem Landweg über Indien in die Heimat zurückreisen. Leider hinterließ Grueber nur wenige Aufzeichnungen. Er fertigte aber zahlreiche Graphiken an. Grueber verweilte auch sechs Wochen in Lhasa, und er war damit der erste Europäer in der tibetischen Hauptstadt. Seine interessanteste Zeichnung zeigt den sich noch in Bau befindenden Potala-Palast von Lhasa, der Residenz des Dalai Lama, von dessen Amt das damalige Europa noch keine Kenntnis hatte.

In der zweiten Hälfte des 17. Jahrhunderts hatten auch die Kapuziner eine Missionsstation in Süd-Indien, in Pondicherry, gegründet. Zu dieser Zeit trieben armenische Kaufleute bereits Handel mit Tibet. Sie reisten sogar bis nach Lhasa. Die Berichte der christlichen Armenier vom Dach der Welt brachten die Kapuziner schließlich auf die Idee, dort eine Missionsstation einzurichten. Im Herbst 1706 schickte der Orden unter der Leitung des französischen Paters Francois Marie de Tours eine erste Expedition in Richtung Himalaya. Die kleine Gruppe von Missionaren nahm ihren Weg über Nepal. Von Kathmandu aus reisten sie zu dem 3600 Meter hoch liegenden tibetischen Grenzort Kuti. Von dort aus gelangten die Missionare in die südtibetische Stadt Gyangtse, und dann ging es weiter nach Norden bis nach Lhasa. In der tibetischen Hauptstadt wurden sie großzügig aufgenommen. Sie erhielten Quartier und begannen zunächst, die Landessprache zu lernen. Nebenbei behandelten sie kostenlos Kranke. Da aber sehr bald die Reisekasse leer war, reiste Pater de Tours nach Indien zurück, um in Pondicherry um neue finanzielle Unterstützung zu ersuchen. Er überlebte jedoch die Reise durch Indien nicht. Die anderen Kapuziner verließen Tibet im Winter 1711.

Wenige Jahre danach unternahmen die Kapuziner unter der Leitung von Orazio della Penna erneut eine Missionsreise nach Tibet. Sie überquerten den Himalaya auf der gleichen Route wie zuvor Pater de Tours mit seinen Leuten. Kurze Zeit vorher hatte eine Jesuitenmission von Kashmir her den Himalaya überquert. Die Jesuiten, die ein gewisser Hyppolytus Desideri leitete, gelangten nach Leh, der Hauptstadt von Ladakh. Von hier aus brachen sie im Sommer 1715 nach Osten auf. Zum ersten Mal wurde damit von Europäern das tibetische Hochland von Westen her überquert. Desideri und seinen Männern war es auch vergönnt, als erste Europäer den heiligen Berg Kailash und den Manasarovar-See zu erblicken. In Lhasa begann Desideri sofort, Tibetisch zu lernen. Am 1. Oktober 1716 kamen die Kapuziner von Süden her in Lhasa an. Gemeinsam mit den Jesuiten studierten sie die Lehre Buddhas in den Lhasa umgebenden Klöstern, um den Disput mit dem tibetisch-buddhistischen Klerus aufnehmen zu konnen. Ein Jahr nach ihrer Ankunft wurde das Land von den Dsungaren überfallen, und die Patres mußten aus Lhasa fliehen, kehrten jedoch bald wieder dorthin zurück. Desideri hatte mittlerweile so gut Tibetisch gelernt, daß er ein kritisches Buch über den tibetischen Buddhismus in der Landessprache verfassen konnte. Im Jahre 1720 fielen die Chinesen – die Lhasa um Beistand gegen die Dsungaren herbeigerufen hatte – ins Land ein, und die Lage der Patres wurde erneut kompliziert. Ein Jahr danach verließ Desideri Tibet. Die Kapuziner folgten ihm erst 1732. Fünf Jahre später reiste Fra Cassiano de Macerata über die bewährte Himalaya-Route der Kapuziner nach Tibet. Auch die Kapuziner kamen 1740 unter Orazio della Penna noch einmal nach Lhasa, doch ihre Mission war ebenso erfolglos wie die vorangegangenen. Im Jahre 1745 reisten die Patres ab. Damit waren vorerst alle Versuche, Tibet zum Christentum zu bekehren, gescheitert.

Ein wenig mehr Erfolg hatte gut 100 Jahre später die Moravian Church. Es war eine evangelische Glaubensgemeinschaft, die in der Nachfolge des böhmischen Reformators Jan Hus entstanden war und ihren Hauptsitz in dem Lausitzer Ort Herrnhut hatte, weshalb sie auch die *„Herrnhuter Mission"* genannt wurde. Im Jahre 1856 siedelten sich die Herrnhuter Laienprediger Wilhelm Heyde und Eduard Pagell im Kulu-Gebiet an, einem 80 Kilometer langen Tal im Himalaya-Vorland. Hier lernten Heyde und seine Frau Tibetisch, übersetzten Teile der Bibel und fertigten Missionsschriften in dieser Sprache an. Im Jahre 1885 dann gründeten die Herrnhuter eine Missionsstation in Leh, der Hauptstadt des westtibetischen Ladakh. Ein Jahr danach stifteten sie dort die Missionsschule der Moravian Church. Die Herrnhuter unterhalten auch heute noch ihre Station in Leh. Ihre Schule ist die bedeutenste Bildungseinrichtung in Ladakh. Die meisten der tibetischen Christengemeinschaften gehen direkt auf das Wirken der Herrnhuter zurück. Ihr wichtigster Verdienst aber ist die Kultivierung der Kartoffel auf dem tibetischen Hochland.

Zoroastrismus

Zu den letzten Vertretern des Zoroastrismus gehören die wenigen Glaubensgemeinschaften der Parsen. Ihre Ahnen flohen ab 717 n. Chr. vor den Moslems aus dem Iran nach Indien. Die meisten Parsen leben heute an der indischen Westküste um Bombay. Sie pflegen nach wie vor die uralten Sitten ihrer Religion. Da im Zoroastrismus Erde, Wasser und Feuer heilig sind und nicht verunreinigt werden dürfen, bahren die Parsen ihre Verstorbenen – anstatt sie zu verbrennen oder zu bestatten – auf Leichentürmen, sogenannten Dakhmas, auf und übergeben sie damit den Vögeln und Insekten zum Fraß.

Eine kleine Anhängerschaft hat der Zoroastrismus auch noch in seinem Ursprungsgebiet im Iran.

Zarathustra

Wann genau Zarathustra Spitama, der Stifter des Zoroastrismus, gelebt hat, ist umstritten. Es gibt für sein Wirken Zeitansätze zwischen dem 1. Jahrtausend und dem 6. Jahrhundert vor Christi. Bei den Griechen wird sein Name erstmals im 5. Jahrhundert v. Chr. genannt; doch zu dieser Zeit muß Zarathustra schon lange tot gewesen sein.

Die Welt seiner Kindheit und Jugend war vermutlich das von nomadisierenden und seßhaften Stämmen bevölkerte persische Hochland. Auch die Spitama – das Geschlecht, dem Zarathustra entstammt – waren umherziehende Viehzüchter. Sein Vater hieß Porushaspa, seine Mutter Dughdhova.

Es muß eine unruhige Zeit voller räuberischer Umtriebe und Stammesfehden gewesen sein, in der Zarathustra als Gottesgesandter erschien. Seine Lehre enthält bereits wesentliche Elemente der späteren Offenbarungsreligionen im Vorderen Orient: Weltschöpfung, Glaube an einen allmächtigen Gott und an ein Jenseits, in dem die Menschen nach ihren Werken gerichtet werden. Charakteristisch für den Zoroastrismus ist der Dualismus von Gut und Böse. Das Element Feuer als reinigende, alles Böse austreibende Kraft wird verkörpert durch Ahura Mazda, den weisen Gott, der auch Schöpfer der Elemente Erde, Wasser, Licht und Wind ist. Ihm gegenüber steht Angra Mainyu (später dann Ahriman genannt), das verkörperte Böse, das Krankheit, Unfruchtbarkeit, Tod und Finsternis erschaffen hat.

Chronisten der Sassaniden, während deren Herrschaft über Mittel-Asien (3. bis 7. Jahrhundert n. Chr.) der Zoroastrismus Staatsdoktrin in Persien war, nennen als erste Wirkungsstätte Zarathustras die Stadt Rhagai nahe dem heutigen Teheran. Dort jedoch stieß Zarathustra auf zähen Widerstand bei den Priestern jener damals in Persien vorherrschenden Stammesreligionen, die den Gottheiten von Sonne, Mond, Feuer, Wasser, dem Hauma (dieser Gottheit des gleichnamigen Rauschmittels, dem sich auch die Priesterschaft bediente) und dem Mitra huldigten. Schließlich ist Zarathustra gezwungen, aus Persien nach Norden zu emigrieren. Bei einem Stammesfürsten namens Vishtaspa findet er Zuflucht. Es gelingt Zarathustra, Vishtaspa zu bekehren. Aber er muß dabei auch Zugeständnisse machen. So muß er die Gottheiten Mitra, Anahita (die Fruchtbarkeitsgöttin) und Hauma in seine Lehre aufnehmen und sie dem Ahura Mazda unterstellen.

Zarathustra heiratet drei Frauen, mit denen er zahlreiche Söhne und Töchter zeugt, und verbleibt bis zu seinem Tod im Stammesverband des Vishtaspa.

Das Avasta

Die heilige Schriftensammlung des Zoroastrismus, das *Avasta,* ist über einen Zeitraum von mindestens 1000 Jahren entstanden und dürfte in der Sassaniden-Epoche (3. bis 7. Jahrhundert n. Chr.) ihren Abschluß gefunden haben.

Das Avasta gliedert sich in vier Abteilungen:

1. Yasna, *„Opfer, Gebete".* In 72 Kapitel unterteilt. Darunter die 17 Gathas, *„Lieder",* die Zarathustra selbst zugeschrieben werden.
2. Yasht, *„Lobgesang".* Eine Hymne auf die Gottheiten des Zoroastrismus.
3. Videvdat, *„Gesetz gegen die Dämonen".* Vorschriften über die Einhaltung der Reinheit der Riten und religiös-juristische Erörterungen.
4. Visprat, *„alle Herrscher".* Sammlung von Gebeten und liturgischen Texten.

Manichäismus

Auch der Manichäismus hat seinen Ursprung in Persien. Doch im Gegensatz zum Zoroastrismus, der nur im Mittleren und Vorderen Orient eine Rolle spielte, war der Manichäismus eine Weltreligion, die sich von Nord-Afrika und Süd-Europa bis in das ferne China verbreitet hatte.

Es lohnt sich, dem Manichäismus hier etwas mehr Raum zu widmen. Immerhin hat diese Lehre bei der Entwicklung der Bön-Religion in Zhang Zhung eine nicht zu unterschätzende Rolle gespielt.

Mani

Mani, einer der großen Religionsstifter in der Menschheitsgeschichte, wurde am 14. April 216 im südmesopotamischen Raum in der Nähe der persischen Residenzstadt Seleukia-Ktesiphon geboren. Sein Vater hieß Pattak. Seiner Mutter wird Abstammung aus dem parthischen Königsgeschlecht nachgesagt.

Nachdem Pattak in einem heidnischen Tempel durch eine göttliche Stimme aufgefordert worden war, die Gegenwart von Frauen zu meiden und Fleisch und Wein zu entsagen, zog er sich aus dem öffentlichen Leben zurück und trat den Elkesaiten bei, einer häretisch-judenchristlichen Täufergemeinde. Seine Gemahlin blieb mit dem Sohn alleine. Vierjährig holte ihn Pattak jedoch von der Mutter weg und reihte ihn unter seinen Glaubensgenossen ein. Die Elkesaiten führten ihre Gemeinschaft auf den Propheten Elkesai zurück, der um 100 n. Chr. in Syrien aufgetreten war.

Mit zwölf Jahren hatte Mani eine Erscheinung, in der ihm sein himmlischer Doppelgänger begegnete. Dieses Erlebnis veränderte Manis Leben grundlegend. Er setzte sich von nun an mit seiner Umwelt und vor allem mit der Gemeinschaft der Elkesaiten auseinander, die er schließlich zu reformieren gedachte. Am 19. April 240, genau zwölf Jahre nach jenem ersten Gesicht, hatte Mani eine zweite Vision, in der er endlich zum *„Apostel des Lichts“* berufen wurde.

Die Spannung zwischen Mani und den Elkesaiten hatten dazu geführt, daß er aus der Gemeinschaft derselben ausgestoßen worden war. Er floh mit seinem Vater und noch zwei Jüngern nach Seleukia-Ktesiphon. Hier systematisierte er seine Lehre, gründete eine Gemeinde und begann mit der Missionstätigkeit. Er entsandte Apostel in den Westen und reiste selbst mit dem Schiff an die indische Küste und dann das Indus-Tal aufwärts. Dabei lernte er den Buddhismus kennen und achten. In Turan gelang es ihm, den König zu bekehren. Die Indien-Reise war jedoch nur von kurzer Dauer.

Zwischen 242 und 243 war Mani schon wieder zurück in Babylonien, um nach dem Tod des Ardashir I den neuen Herrscher, Shahpuhr I (242 bis 273), seine Aufwartung zu machen. Shahpuhr war Mani freundlich gesinnt; zwei seiner Brüder waren bereits zur manichäischen Lehre übergetreten. Mani konnte sich nun frei entfalten; er sendete Apostel nach Ost-Babylonien, nach Syrien, nach Ägypten und in den Kaukasus. Auch von Shahpuhrs Nachfolger Ohrmuzd I (273 bis 274) wurde Mani noch unterstützt. Doch unter Bahram I (274 bis 277) wendete sich das Blatt. Die oberste Magierkaste, die die traditionelle religiöse Ordnung Babyloniens, den Zoroastrismus, durch die manichäische Lehre in Gefahr sah, trat nun – mit der Unterstützung des Königs – offen Mani entgegen. Er wurde schließlich verhaftet und in den Kerker geworfen, wo er im Frühjahr 276 starb.

Die manichäische Lehre

Manis Lehre ist ein mythologisches System, das auf jene Gruppe gnostischen Dualismus von *„Licht und Finsternis“* aufbaut. Die wesentlichen Züge der Lehre sind folgende:

Am Anfang gibt es zwei von einander getrennte Welten, im Norden das Lichtreich, im Süden das Reich der Finsternis. Im Lichtreich regiert der *„Vater der Größe".* Er manifestiert sich in fünf Elementen: Bewußtsein, Denken, Einsicht, Sinnen, Überlegung. Das Lichtzentrum ist umgeben von zwölf Haupt-Äonen, die jeweils zu dritt auf die Himmelsrichtungen verteilt sind. Das Reich der Finsternis wird beherrscht vom *„König der Finsternis".* Er manifestiert sich ebenfalls in fünf Elementen: Rauch, Dunkelheit, Wasser, Wind, Feuer. Charakteristisch für das Reich der Finsternis ist die innere Uneinigkeit. Infolgedessen gelangt die Finsternis-Macht (Hyle: die Materie) an die Grenze des Lichtreichs und beginnt, mit dem Licht zu kämpfen. Um der Auseinandersetzung mit der Finsternis begegnen zu können, emaniert der *„Vater der Größe"* aus sich die *„Mutter des Lebens".* Sie bringt den Ur-Mensch hervor. Dieser erzeugt aus sich die fünf Elemente Feuer, Wind, Licht, Wasser und Luft. Mit ihnen zieht er gegen die Finsternis zu Felde. Er wird jedoch besiegt und gefangen genommen. Um den Ur-Mensch zu befreien, emaniert der *„Vater der Größe"* aus sich den *„Geliebten der Lichter",* der wiederum aus sich den *„Großen Architekten"* und den *„Lebendigen Geist"* hervorgehen läßt. Der Letztere ist dazu berufen, den Ur-Mensch zu befreien. Er emaniert zunächst aus sich fünf Söhne, steigt dann mit diesen in das Reich der Finsternis hinab und ruft den Ur-Mensch an. Dieser hört und antwortet. Ruf und Antwort sind personifiziert, die nun aus der Finsternis emporsteigen. Ruf vereint sich mit dem *„Lebendigen Geist",* Antwort mit der *„Mutter des Lebens".* Der Ur-Mensch ist damit befreit. Doch seine Söhne, die fünf Elemente, befinden sich noch in der Gewalt der Finsternis. Der *„Lebendige Geist"* rückt jetzt gegen die Archonten der Finsternis vor, die die Lichtanteile verschluckt haben. Aus den Leibern von besiegten Archonten schafft er das Weltall, nämlich zehn Firmamente mit zwölf Pforten und acht irdischen Sphären. Aus kaum mit Dunkelheit vermischter Lichtsubstanz bildet er Sonne und Mond, und aus mittelmäßig vermischter Substanz bildet er die Sterne. So besteht das Weltall aus Licht- und Finsternisanteilen. Damit der Kosmos in der Ordnung bleibt, setzt der *„Lebendige Geist"* seine fünf Söhne ein. Der erste von ihnen, Splenditenens, hält den Kosmos, während der fünfte, Atlas, ihn trägt. Um nun das Weltall und damit die Ausläuterung der in ihm gefangenen Lichtanteile in Gang zu setzen, emaniert der *„Vater der Größe"* aus sich einen Dritten Gesandten und läutet damit ein neues Zeitalter im Kampf gegen die Finsternis ein. Der Dritte Gesandte setzt die drei Räder, nämlich des Wassers, des Feuers und des Windes – den Mechanismus der Läuterung also – in Bewegung. Zur Aufnahme der durch diesen Prozeß befreiten Lichtteile schafft er eine

Säule, die in der Milchstraße sichtbar wird. Die befreiten Lichtteile steigen auf ihr empor zum Mond, in welchem sie eingehen. Ist er gefüllt (Vollmond), so gibt er die Lichtanteile an die Sonne ab (Neumond). Von der Sonne gelangen die Lichtanteile dann in ein vom *„Großen Architekten"* entworfenes *„Neues Äon"*. Um auch den anderen finsteren Archonten die Lichtanteile zu entlocken, zeigt sich der Dritte Gesandte den weiblichen Archonten als entblößte männliche Gestalt und den männlichen Archonten als entblößte weibliche Gestalt, um sie sexuell zu erregen. Aus den männlichen Archonten fließen daraufhin die Lichtanteile in Form von Samen heraus. Die Begierde der Archonten vermischt sich jedoch mit dem Lichtsamen, und dadurch fällt dieser zur Erde herab. Aus dem Samen, der aufs Land fällt, werden Pflanzen; aus dem Samen, der ins Meer fällt, entsteht ein Meeresungeheuer, das vom *„Licht-Adam"* (einem der fünf Söhne des *„Lebendigen Geistes")* besiegt wird. Die weiblichen Archonten haben Fehlgeburten, die als Dämonen auf die Erde fallen. Dort essen sie von den Pflanzen, koitieren und bringen dadurch die Tierwelt hervor. Um die Ausläuterung des Lichts möglichst lange hinauszuzögern oder gar zu verhindern, werden von den Mächten der Finsternis zwei Dämonen berufen, die dem männlich-weiblichen Prinzip des Dritten Gesandten entsprechen. Die beiden Dämonen koitieren und erzeugen Adam und Eva. Diese bringen das Menschengeschlecht hervor, das durch seinen Wandel das gefangene Licht quält und damit sich selbst in Bedrängnis bringt. Der Dritte Gesandte schickt daraufhin den Glanz-Jesus zu Adam, um ihn aufzuklären und zur erlösenden Erkenntnis zu verhelfen. Der Glanz-Jesus beruft außerdem den *„Licht-Verstand"*, der in alle Menschen eingeht. Das menschliche Individuum kann demnach wie folgt erklärt werden: Der Körper ist Teil der Finsternis, die Seele ist Teil des Lichts (also die göttliche Komponente), und der *„Licht-Verstand"* ist der erlösende Funke. Doch so lange dieser nicht erkannt wird, kehrt die Seele nach dem Tod immer wieder in einen Körper zurück. Um nun den Menschen zur erlösenden Erkenntnis zu verhelfen, treten in regelmäßigen Abständen *„Lichtboten"* auf. (Diese waren z. B. Noah, Abraham, Zarathustra, Buddha, Jesus, auch Paulus und andere; Mani ist der letzte *„Licht-Apostel"* und zugleich die Vollendung seiner Vorgänger.) Während nun diese Adepten ihr Heilswerk verrichten, konstruiert der *„Große Architekt"* einen Käfig, worin die Finsternis, nachdem sie beim Weltbrand zu einem Klumpen zusammengeschmolzen ist, eingesperrt werden kann.

Verbreitung des Manichäismus

Durch Verfolgung verschwand der Manichäismus in Babylonien, seinem Ursprungsland, sehr schnell. Doch bis zum 4. Jahrhundert breitete sich die Lehre beinahe über den gesamten Westen aus: Ägypten, Nord-Afrika, Gallien, Palästina, Klein-Asien, Armenien. Aber schon ab dem 6. Jahrhundert verschwand im Westen der Manichäismus, nur in Form von Sekten blieb er noch bis ins Mittelalter bestehen.

Die Entwicklung im Osten verlief anders. In Zentral-Asien bildete sich das eigentliche Zentrum des Manichäismus heraus – und das zu einer Zeit, als sich die Lehre im Westen bereits im Niedergang befand. Im Jahre 694 gelangten die ersten manichäischen Apostel an den chinesischen Kaiserhof, und 762 wurde Manis Lehre zur Staatsreligion des Uigurenreichs erhoben. Zwischen 843 und 844 kam es in China dann zu einer blutigen Verfolgung der Manichäer. In Zentral-Asien fielen die manichäischen Gemeinden im 13. Jahrhundert dem Mongolensturm zum Opfer. Nur in Süd-China hielt sich die manichäische Lehre noch bis ins 17. Jahrhundert. Dann erlosch sie auch dort.

Wann der Manichäismus nach West-Tibet hineindrang, kann nur geschätzt werden. Es dürfte keinesfalls vor dem 6. Jahrhundert gewesen sein.

Literatur

Mani war ein fruchtbarer Schriftsteller, und er stellt damit eine Besonderheit unter den großen Religionsstiftern dar. Seine Lehre fixierte er in sieben Büchern:

1. *Sahpuhrkan,* dem Großkönig Shahpuhr I gewidmet
2. *Das Lebendige Evangelium*
3. *Der Schatz des Lebens*
4. *Pragmateia,* ein Geschichtswerk
5. *Das Buch der Geheimnisse*
6. *Das Buch der Riesen*
7. *Ardhang,* ein Buch, in welchem Mani sein Weltbild grafisch darstellt.

Keines dieser Werke ist im Original erhalten geblieben. Es gibt jedoch eine Fülle von Handschriften in verschiedenen Sprachen, die es ermöglicht haben, die Lehre des Mani zu rekonstruieren.

Taoismus

Ein sehr kostbarer Beitrag des Alten China zur Weltkultur ist die feinsinnige Lehre des Taoismus; sie hat über 2500 Jahre hinweg an Aktualität im Grunde nichts eingebüßt.

Zwischen dem Taoismus und dem Buddhismus bestand in China stets ein komplexes Verhältnis, und für den Laien waren beide Lehren oft nicht von einander zu unterscheiden.

Durch die Initiative des tibetischen Königs Me-ag Tshom (Regierungszeit von 704 bis 755) und seiner Gemahlin aus China, Chingchen, hielten auch die buddhistischen Lehren chinesischer Prägung in Tibet Einzug. Über diese Mönche gelangte taoistisches Gedankengut nach Tibet. Unter dem Nachfolger von Me-ag Tshom, König Thrisrong Detsän (756 inthronisiert), wurde ein Disput angesetzt zwischen den Mönchen unter der Führung von Hva-shang Mahayana (er war ein typischer Vertreter des chinesischen Buddhismus, einer Verquickung von indischen Mahayana-Lehren mit taoistischem Denken) und den Mönchen aus Indien, die Kamalashila leitete. Der Disput ging zugunsten der Inder aus, worauf die chinesischen Mönche Tibet verlassen mußten. Seit jenem 9. Jahrhundert spielt die spezifisch chinesische Ausprägung des Buddhismus in Tibet praktisch keine Rolle mehr.

Ein Hauptverbreitungsgebiet des Taoismus ist bis heute der Südwesten Chinas. In den Gebirgen dort, die sich mit bizarren Gipfeln (wie dem Emai Shan) zwischen Dschungel und Himalaya endlos dahinschlängeln, bauten vom 2. Jahrhundert an taoistische Mönche viele Klöster. Manche davon wurden aber später in buddhistische Einrichtungen umgewandelt.

Pagode im taoistischen Kloster Qing Yang.

Tao Te Ching

Tao Te Ching, das Buch vom *Tao* und vom *Te,* in dem die Lehre des Taoismus aufgezeichnet ist, zählt zur Weltliteratur. Bis heute ist die Weisheit des Tau Te Ching nicht erschöpft.

Das Buch ist in 81 kurze Kapitel gegliedert. Mit sprachlichen Mitteln wird sparsam umgegangen: der Autor verwendet für das gesamte Werk nicht viel mehr als 5000 Schriftzeichen. Die Bilder, mit denen er arbeitet, sind oft vieldeutig. Verfasser soll Lao-tse selbst gewesen sein, der Stifter oder zumindest wichtigster Lehrer des Taoismus.

Tao und Te

Der Taoismus ist die Lehre von *Tao* und *Te.* Tao steht für den Urgrund, das Ur-sein der Welt. Lao-tse schreibt:

„... des Alls Urmutter könnte man es nennen,
ich kennen seinen Namen nicht,
ich nenne es Tao."

Die Silbe wird aber auch für die Individuen und die harmonische Wechselbeziehung zwischen ihnen und der Welt benutzt. Tao – das ist ein *Yang* und ein *Yin.* Yang und Yin sind Gegenpole. Yang wird mit Himmel, Sonne, Helligkeit, Wärme, Trockenheit in Verbindung gebracht; Yin dagegen mit Erde, Mond, Dunkelheit, Feuchtigkeit, Kälte etc. Yang steht auch für das Aktive und für das männliche Prinzip; Yin für das In-sich-Ruhende und für das weibliche Prinzip. Ähnlichkeiten mit dem tantrischen Buddhismus werden hier sehr deutlich.

In jeden Fall kann man sagen, daß Yang und Yin – wenn sie sich gegenseitig bedingen – das Tao ergeben. Die natürlich aus dem Tao hervorgehende Wesenheit ist Te.

Lao-tse

Über Lao-tse ist wenig bekannt. Er war, soviel weiß man wenigstens, ein Zeitgenosse Buddhas, Pythagoras' und Heraklits. Geboren wurde Lao-tse im südchinesischen Staat Zhou. Sein Sippenname war Li, sein Vorname Er und sein postumer Titel Dan. Lao-tse diente am Hof des Königs als Archivar. Dort entwickelte er auch seine Lehre vom Tao und Te. Nachdem er miterleben mußte, wie Zhou zerfiel, ging er fort. An der Grenze des Landes soll ihn ein Paßaufseher namens Xi mit den Worten angesprochen haben: *„Ihr wollt Euch nun zurückziehen, Meister. So zwingt Euch doch um unseretwillen, Eure Gedanken niederzuschreiben."* Darauf verfaßte Lao-tse das *Tao Te Ching* mit nicht viel mehr als 5000 Schriftzeichen. Dann zog er in die Ferne. Man weiß nicht, wo und wann Lao-tse starb.

Konfuzianismus

Der Konfuzianismus hat keinerlei Einfluß genommen auf Indien, die Himalaya-Region und Tibet. Doch der Vollständigkeit halber muß auch diese zweite große chinesische Lehre erwähnt werden.

Konfuzius

Konfuzius wurde im Jahre 551 v. Chr. im Staat Lu geboren. Von seinem Vater heißt es, er habe im Alter von 70 Jahren ein zweites Mal geheiratet, da seine erste Ehefrau nur zehn Töchter und keinen Sohn zur Welt gebracht hätte. Seine zweite Frau gebar endlich einen Stammhalter, der den Namen Kong-qiu erhielt. (Später wurde er Kong-fuzi genannt; dieser Name ist im 17. Jahrhundert von den Jesuiten in *„Konfuzius"* latinisiert worden.)

Konfuzius wuchs in bescheidenen Verhältnissen auf. Er war zwei Jahre alt, als sein Vater starb. Als junger Mann trat er in den Staatsdienst ein. Zunächst war er Aufseher über die Getreidespeicher eines Distrikts von Lu, danach beaufsichtigte er die öffentlichen Weiden, und schließlich arbeitete er als Lehrer. Der Staat Lu lag auf dem Gebiet der heutigen Provinz Shangdong im Osten Chinas. Lu war schwach und ständig Angriffen seiner Nachbarstaaten ausgesetzt. Im Jahre 517 v. Chr. wurde der Herrscher von Lu entmachtet, und er floh in den Staat Qi. Konfuzius folgte seinem Brotgeber, ging aber später wieder nach Lu zurück. Dort lebte er die erste Zeit zurückgezogen. Schließlich nahm er seine Tätigkeit als Lehrer wieder auf. Bald jedoch gelang es ihm, Karriere zu machen; der Höhepunkt seiner Laufbahn war das Amt des obersten Justitiars von Lu. Aber auf Grund moralischer Zersetzung im Staatswesen legte er das Amt wieder nieder und ging für 13 Jahre auf Wanderschaft. Dann fand er in seinen Heimatstaat Lu zurück und starb dort 479 v. Chr.

Konfuzius entwickelte eine Art Staatsutopie, eine ideale Gesellschaft, in der es zwar Herrscher und Untertanen gibt, in der aber soziale Unterschiede beseitigt und in Harmonie aufgelöst sind. Dieses vollkommene Staatswesen soll entstehen durch das moralisch vorbildliche Verhalten seiner Bürger und der *„Edlen“.* Der Kaiser ist der *„Sohn des Himmels“,* die Staatsbeamten die *„Eltern des Volkes“.* Innerhalb der Gesellschaft akzeptiert ein jeder die ihm zugewiesene Stellung und erkennt das bestehende Autoritätsverhältnis an. Der Herrscher verhält sich den Untertanen gegenüber wie ein liebender Vater zu seinen Kindern, die Untertanen üben dafür dem Herrscher gegenüber Loyalität.

Der Konfuzianismus ist in Singapur offizielle Staatsdoktrin.

Lun-yu

Im Gegensatz zu Lao-tse hat Konfuzius nichts Schriftliches hinterlassen. Seine Aussprüche wurden nach seinem Tod von Jüngern gesammelt und zu dem Werk *Lun-yu („Gespräche“)* geordnet. Die heute vorliegende Fassung des *Lun-yu* (bestehend aus insgesamt 12.700 Schriftzeichen zu 20 Kapiteln) stammt von Zheng Xuan aus dem 12. Jahrhundert.

Mohammed und der Islam

Die Heimat Mohammeds (geb. 569 n. Chr.) war der Hidschas auf der Arabischen Halbinsel. Diese schmale Küstenzone zieht sich von Sinai aus zwischen dem Roten Meer und dem Arabischen Hochland ca. 1000 Kilometer nach Süden. Der Hidschas blieb sowohl von Byzanz als auch von Persien unabhängig. Mekka, die Hauptstadt, galt schon lange vor Mohammed als heilig. Ein Grund dafür war die geheimnisvolle Ka'aba, ein kleiner, würfelförmiger Tempel, in dem ein schwarzer Meteorit eingemauert ist. Alljährlich strömten Pilger nach Mekka. Unter ihnen gab es auch viele Kaufleute, die hier ihre Waren feil boten. Aus diesem Grund hatten die Mekkaner die vier heiligen Monate eingeführt, während denen alle Waffen und auch die Blutrache ruhen mußten.

Mohammeds Vater war Kaufmann und gehörte dem quraischitischen Geschlecht der Haschim an. Er starb kurz nach der Geburt seines Sohns. Mohammed wurde in die Familie seines Großvaters gegeben; als dieser ebenfalls starb, übernahm der Bruder des verstorbenen Vaters die Erziehung des Knaben.

Mohammed wuchs in einfachen Verhältnissen auf. Schon sehr früh mußte er sich seinen Lebensunterhalt verdienen als Hirte der Schaf- und Ziegenherden reicher Mekkaner. Seine Situation änderte sich mit einem Mal, als er in die Dienste der 15 Jahre älteren wohlhabenden Kaufmannswitwe Chadidscha trat, die er schließlich heiratete.

Die Handelskarawanen der Chadidscha brachten Mohammed nach Persien, wo er mit dem Judentum und dem nestorianischen Christentum bekannt wurde. In Syrien lernte er die Sekte der Hanifen kennen, deren Lehre in der Mitte zwischen Judentum und dem Christentum lag. Nach diesem Synkretismus gibt es eine Ur-Offenbarung, die immer wieder durch göttliche Adepten den Völkern verkündet wird. Vermutlich waren diese religiösen Kontakte ein wesentlicher Grund dafür, weshalb Mohammed um 610 zu der Überzeugung kam, der göttliche Gesandte für die arabische Welt zu sein.

Die ersten Anhänger Mohammeds waren seine Gemahlin Chadidscha, sein Cousin Ali und ein Sklave, den man die Freiheit geschenkt hatte. Mit der Zeit entstand um Mohammed eine kleine Gemeinde, die aber in Mekka auf heftige Ablehnung stieß. Als Chadidscha starb, verschlimmerte sich die Lage Mohammeds entschieden, und er war im Jahre 622 schließlich gezwungen, nach Medina zu emigrieren. Hier konnte er endlich seine Begabung als religiöser Lehrer und Politiker entfalten.

Anfangs war Mohammed in Medina den Gemeinschaften der Juden und Christen wohl gesinnt. Doch nachdem er dort auf Spott und Ablehnung gestoßen war, distanzierte er sich von Juden und Christen. Gleichzeitig sah er sich mehr und mehr als Prophet Gottes und seine Lehre, den Islam, als die einzig wahre an. Mohammed stützte sich bei seiner Lehrtätigkeit auf Noah, Abraham, Isaak, Joseph, Moses, Elias, Jonas, Jesus und Johannes den Täufer; sie waren für ihn Propheten, und er selbst fühlte sich als letzter dieser langen Propheten-Reihe.

Seine Anhänger forderte Mohammed auf, notfalls mit dem Schwert gegen die eigenen Verwandten vorzugehen, wenn diese sich nicht vom Heidentum abwenden wollten. Im Verständnis Mohammeds war einzig und alleine der Glaube an Gott – und nicht etwa Blutsbande – prägend für seine Gemeinschaft, die ständig wuchs. Mekka jedoch leistete dem Propheten nach wie vor Widerstand. Dies führte zu einem mehrjährigen wechselvollen Krieg zwischen Medina und Mekka. Im

Jahre 630, zwei Jahre vor seinem Tod, marschierte Mohammed schließlich mit seinem Heer in Mekka ein. Er verschonte die Bürger der Stadt, machte ihnen Geschenke und forderte sie auf, sich dem Islam anzuschließen. Mit der Eroberung Mekkas wurde auch die Ka'aba zum zentralen Heiligtum der islamischen Welt erhoben.

Danach entsandte Mohammed sowohl Truppen als auch Missionare nach Arabien. In den letzten beiden Jahren seines Lebens gewann er auf diese Weise einen großen Teil der Araber als Anhänger seiner Lehre.

Möglicherweise wurde bereits durch die Kämpfe mit Mekka die Idee des Dschihad, des Heiligen Kriegs, geboren, dem alle Moslems verpflichtet sind, um den Islam auf der ganzen Welt zum Sieg zu verhelfen. Später wurde der Dschihad auch auf den Kampf gegen Hunger, Elend und Armut umgedeutet.

Islam in der Himalaya-Region

Gegen Ende des 12. Jahrhunderts erreichten die moslemischen Eroberungswellen den Indischen Subkontinent. Kashmir jedoch blieb von den Moslems noch lange unbehelligt. Diese Region im West-Himalaya war einst das Land der buddhistischen Gelehrten und Mystiker. Bereits unter dem indischen Kaiser Ashoka (268 v. Chr. inthronisiert) war der Buddhismus nach Kashmir gelangt, und mit der Einberufung des vierten buddhistischen Konzils unter der Schirmherrschaft Kanishkas wurde im 1. Jahrhundert n. Chr. in Kashmir ein bedeutendes Kapitel buddhistischer Geschichte geschrieben. Doch zwischen dem 10. und dem 14. Jahrhundert erlebte das Land eine dunkle Periode, in der ein Militärdespot den anderen ablöste. Im Jahre 1338 eroberte Shah Mir das Kashmir-Tal und begründete eine Sultan-Dynastie. Dann eroberte der Mogul-Kaiser Akbar 1557 das kashmirische Hochtal und erklärte es zu seinem Privatgarden. Die meisten Kashmiris wurden schließlich zum Islam bekehrt.

Heute bekennen sich 94% der Bevölkerung Kashmirs zur Lehre des Propheten. Neben den Baltis, einem tibetischen Volk im Karakorum-Gebiet, das im 16. Jahrhundert zum islamischen Glauben bekehrt wurde, blieben die Kashmiris aber die einzigen Träger des Islam in der Himalaya-Region. Überall, wo sie sich niederließen, bauten sie ihre Moscheen. Besonders in Ladakh und Darjeeling. Sogar in Lhasa, der heiligsten Stadt des nördlichen Buddhismus, gibt es eine Moschee, die von kashmirischen Kaufleuten errichtet wurde. Bis zum Berg Kailash ist der Islam jedoch nicht vorgedrungen.

Sikhismus

Der Sikhismus stellt eine Synthese zwischen Hinduismus und Islam dar. Seine Anfänge lassen sich im 14. Jahrhundert erkennen, als Ramanand in Süd-Indien seine monotheistischen Glaubenssätze verkündete, die zwischen Islam und Hinduismus vermitteln sollten. Unter seinen Anhängern gab es auch Moslems; der berühmteste war Kabir, dessen Gesänge sich überall in Indien verbreiteten. Als eigentlicher Stifter des Sikhismus gilt aber Guru Nanak (1469 bis 1539). Er war selbst nach Mekka gepilgert, und er gründete die ersten Gemeinschaften von Sikhs. Sein 3384 Hymnen zu 15.575 Versen umfassendes Werk *Adi Granth* ist das heilige Buch der Sikh-Religion, die einem einzigen Gott huldigt, Hari.

In der Sikh-Tradition gibt es insgesamt zehn Gurus. Der letzte von ihnen war Gobind Singh. Er gründete das Khalsa Panth, das den Sikhs ihre unverwechselbare Identität gab:

1. *Kesh:* Das ungeschnittene Haar, das die Sikhs zu einem Knoten über dem Scheitel binden und mit einem Turban oder auch einer einfachen Stoffkappe bedecken.
2. *Kangha:* Der Holzkamm, der zum Feststecken des Haars dient.
3. *Kirpan:* Das Schwert, das stets mitgeführt wird.
4. *Kach:* Ein Paar kurzer Hosen.
5. *Kara:* Ein flacher, am Handgelenk getragener Eisenring. Dieser wurde auch zu der gefürchteten *Chalikar* umgearbeitet, einer scharfen, tödlichen Wurfscheibe.

Da die Sikhs sowohl von den Hindus wie von den Moslems verfolgt wurden, nahmen sie sich das Recht zur Selbstverteidigung heraus. Das kommt darin zum Ausdruck, daß jeder männliche Sikh stets seine Waffe bei sich trägt. (Wird heute jedoch nicht mehr konsequent befolgt.)

Guru Gobind sprach des öfteren von Erinnerungen an ein früheres Leben, in welchem er als Einsiedler an einem sieben Gipfel umgebenden See meditiert hatte. Später wurde dieser See im Himalaya in 4500 Meter Höhe identifiziert; er bekam den Namen Kemund und ist heute ein bedeutender Wallfahrtsort der Sikhs. Guru Gobind starb 1708. Nach ihm traten keine Sikh-Gurus mehr auf.

Die Sikhs leben auf dem gesamten Subkontinent verstreut. Die meisten Vertreter dieser Lehre sind jedoch im indischen Bundesstaat Panjab anzutreffen, wo sie auch ihr höchstes Heiligtum pflegen, den Goldenen Tempel von Amritsar.

Anhang

Glossar mit Register

Agni – Name des alt-indischen Feuergottes. S. 30
Arhat – Bezeichnung der höchsten Mönchswürde im frühen Buddhismus; jemand, der als heilig gilt. S. 7
Ashoka – buddhistischer Kaiser im Alten Indien; dritter Monarch der Maurya-Dynastie; 268 v. Chr. inthronisiert; berief in Pataliputra (heute Patna) das 3. buddhistische Konzil ein. S. 64ff, 68
Ashtapada – Name für den Kailash in der Tradition des Jainismus. S. 12
Atisha (982 bis 1055) – buddhistischer Gelehrter und Heiliger aus Bengalen; kam 1042 nach Tibet und trug viel dazu bei, den Buddhismus dort zu erneuern. S. 107
Atman – in der hinduistischen Philosophie das Selbst; die Anwesenheit der universellen Seele im Individuum. S. 28, 36
Avasarpini – die absteigende Weltperiode; vgl. Utsarpini. S. 47f
Bhairava – zornvolle Emanation Shivas. S. 18, 34
Bharata – Name des ersten legendären Herrschers von Indien; Name der Republik Indien bei der einheimischen Bevölkerung. S. 12, 43f, 47, 48
Bhavacakra – in der buddhistischen Lehre: Rad der Existenzen; bildliche Darstellung der sechs Bereiche der Wandelwelt (Götter, Halbgötter, Menschen, Tiere, Geister, Höllenwesen) zusammen mit Buddhas zwölfteiliger Lehrrede von den Ursachen. S. 10, 92ff
Bodhisattva – in der Tradition des Mahayana (vgl.) jemand, der den Erleuchtungsgeist erlangt hat, d. h. das authentische Streben, den Rang eines Buddha zum Wohl aller Wesen zu verwirklichen. S. 8, 67, 84f
Bön-ri – heiliger Berg der Bön-Religion in West-Tibet. S. 13, 119
Brahma – Name des hinduistischen Schöpfergottes. S. 31, 34f, 109
Brahman – in der hinduistischen Tradition die unpersönliche Seele des Universums. S. 28, 31, 36
Brahmane – Angehöriger der Priesterschaft im Kastensystem (vgl.). S. 7, 28, 30

Cakra – wörtl. Rad; in der Tradition des Yoga psycho-somatische Zentren oder Bewußtseinsebenen im menschlichen Organismus. S. 14, 88

Cakrasamvara – Name der buddhistischen Gottheit des Kailash. S. 17ff

Dharma – wörtl. Erscheinung, Eigenart; im Buddhismus Bezeichnung der Lehre Buddhas allgemein; im Hinduismus mehrere Bedeutungen wie Gesetz, Recht, Sitte, Pflicht, Ordnung etc. S. 36, 89, 96

Durga – kriegerische Erscheinung der Gemahlin Shivas; personifiziert die materielle Energie. S. 25

Ganesha – elefantenköpfiger Sohn Shivas; personifiziert die Beseitigung aller Hindernisse für den materiellen und spirituellen Fortschritt. S. 34

Gauri – wörtl. glänzend, prächtig; Gemahlin Shivas in ihrer Funktion als Ehefrau und Mutter. S. 25, 34

Gu-ge – buddhistisches Königreich in West-Tibet ab der Jahrtausendwende; erste Hauptstadt war Tholing, später Tsaparang. S. 121f

Hinayana – wörtl. *„Kleines Fahrzeug“;* Spottname, den die Anhänger des Mahayana-Buddhismus den Vertretern der orthodoxen Richtung des Buddhismus gaben. S. 67, 79

Indra – alt-indische Gottheit des Regens, Windes, Sturms, Donners und Blitzes; Oberhaupt des Himmels. S. 27f, 30

Ishatpragbhara – in der Lehre des Jainismus die Region der erlösten Seelen; befindet sich oberhalb der Himmelssphären. S. 45

Jambudvipa – 1. im alt-indischen Weltbild nach hinduistischer und jainistischer Tradition der kreisförmige Zentralkontinent mit dem Berg Meru (vgl.) in der Mitte; 2. in der mystischen Kosmografie des Mahayana (vgl.) der südliche von vier um den Meru in den Kardinalrichtungen ausgerichteten Kontinenten; Zentrum von J. bildet der heilige Berg Kailash; zu 1.: S. 43ff, 47; zu 2.: 9, 11, 17f

Kailash – S. 11ff, 14ff, 33, 35, 48, 73, 82f, 103, 107, 119, 123, 136

Kala – wörtl. *„Zeit“;* eine der Schöpfergottheiten aus der vedischen Tradition des Alten Indien. S. 30f

Kali – schreckliche Erscheinungsform der Gemahlin Shivas; verkörpert den vernichtenden Aspekt der materiellen Energie. S. 25, 34

Karma – wörtl. *„Handlung“;* Gesetzmäßigkeit von Aktion und Reaktion; die karmische Handlung zieht eine schlechte oder gute Reaktion nach sich und bindet den Ausführenden an Samsara (vgl.). S. 8, 17, 37f, 46, 57, 61, 93

Kastensystem – die soziale Ordnung Indiens; Unterteilung der Gesellschaft in Shudras (Diener, Tagelöhner, Bettler), Vaishyas (Gewerbetreibende, landwirtschaftliche Berufsgruppe), Kshatriyas (Beamte, Krieger) und Brahmanen (Priester, Lehrer); im heutigen Indien wird versucht, das Kastensystem zu überwinden. S. 27f, 36

Khadag – weiße Stoffbahn oder Schal; wird in Tibet zur Begrüßung gereicht oder in Heiligtümern als Opfergabe dargebracht. S. 16

Krishna – innerhalb der hinduistischen Tradition die 8. Inkarnation Vishnus; in der von Caitanya um 1500 ins Leben gerufenen Bewegung ist Krishna der Name für die höchste Persönlichkeit Gottes. S. 32, 37, 39ff, 48, 56

Kumara – ein Sohn Shivas; Beiname des Kriegsgottes. S. 34

Linga – steinernes Monument, das den Phallus Shivas symbolisiert; steht für Potenz und Vitalität Shivas. S. 18

Mahadevi – wörtl. *„Groß-Göttin“;* Gemahlin Shivas. S. 25

Mahasanghika – buddhistische Bewegung etwa ab 370 v. Chr., die größtenteils von Laienanhänger unterstützt wurde. S. 63, 66f

Mahavira – wörtl. *„Großer Sieger“;* Ehrenname für Vardhamana (549 bis 477), den Stifter des Jainismus. S. 20, 42, 48ff, 52ff

Mahayana – wörtl. *„Großes Fahrzeug“;* eine der buddhistischen Strömungen (etwa ab dem 1. Jahrhundert v. Chr.); erhob den Bodhisattva zu ihrem Ideal; in Form des Mahayana gelangte der Buddhismus nach China, Japan und Vietnam. S. 7, 9, 11, 29, 67f, 80, 84, 97, 112, 131

Manasarovar – heiliger See in West-Tibet. S. 11f, 14ff, 35, 86f, 119, 123

Mandala – wörtl. *„Kreis“, „Ring“,* auch *„Zirkel“;* im Alten Indien Kosmogramm zur schematischen Darstellung der Welt; in der buddhistischen Praxis dient das M. als Meditationshilfe und besteht aus Kreisen mit eingeschriebenen Quadraten und einem gemeinsamen Mittelpunkt. S. 7ff, 14ff, 17, 89

Maya – 1. Name der Mutter Buddhas; 2. in der hinduistischen Tradition die illusionierende Energie, die vom höchsten Prinzip (ob in seinem unpersönlichen Aspekt oder personifiziert als Gottheit) ausgeht; zu 1.: S. 15, 58, 81; zu 2.: 28f, 60

Menri – Name eines bedeutenden Klosters der Bön-Religion in Süd-Tibet. S. 108

Meru – nach alt-indischer Mythologie der zentrale Weltberg. S. 7, 9f, 14, 17, 29, 35, 44

Milarepa – (1040 bis 1123) tibetischer Heiliger und Dichter; sein Hauptwerk sind die über 60 Kapitel umfassenden Hunderttausend Gesänge. S. 13

Mitra – 1. alte indo-arische Gottheit; 2. im Zoroastrismus Gott von Sonne und Licht; zu 1.: S. 27; zu 2.: S. 125

Mohenjo Daro – Totenstadt im unteren Indus-Tal (heute zu Pakistan);

Ruinen der Stadtanlage stammen aus dem 3. Jahrtausend v. Chr.; M. D. gehörte zur Harappa-Kultur, benannt nach der Totenstadt Harappa. S. 21ff, 26, 38

Mudra – körperliche Geste bei kultischen Handlungen und innere Haltung während der Meditation, was durch eine Geste (besonders der Hände) betont wird. S. 11, 81

Nagarjuna – bedeutender buddhistischer Philosoph des 2. Jahrhunderts n. Chr.; führte den Begriff Shunyata (die metaphysische Leerheit) in die buddhistische Terminologie ein. S. 68

Nandi – mythologischer Stier, der Shiva und seine Gemahlin begleitet; Fruchtbarkeitsidol. S. 12, 34

Nirvana – im Hinduismus Befreiung aus der materiellen Welt und Rückkehr der Seele zur spirituellen Welt; im Buddhismus Befreiung und Aufhebung von Samsara, was durch die Einsicht der wahren Natur aller Erscheinungen und einen daraus resultierenden von Karma freien Lebenswandel zustande kommt. S. 7, 10, 67, 84

Olmolungring – in der Tradition der Bön-Religion das mystische reine Land, in dem die Bön-Lehren aufbewahrt werden. S. 12, 103f

Padmasambhava – tantrischer Guru aus Udyana (wahrscheinlich mit dem Swat-Tal im heutigen Pakistan identisch); gilt in Tibet als zweiter Buddha; begründete ein tibetischbuddhistisches Lehrsystem und bereitete damit die Grundlage für den tibetischen Buddhismus; Stifter von Samye, dem ersten buddhistischen Kloster Tibets. S. 17, 77ff, 91, 106, 111f

Parsen – Religionsgemeinschaft in Indien; die P. gehören zu den letzten Vertretern des Zoroastrismus, der Lehre Zarathustras. S. 20, 120, 124

Parshva – (um 850 v. Chr.) der 23. Tirthamkara (vgl.) in der Tradition des Jainismus; vermutlich historisch der erste, der jainistisches Gedankengut in Indien verbreitete. S. 20, 42, 48f

Parvati – die Gemahlin Shivas. S. 12, 25, 33ff

Pashupati – der Herr der Tiere; eine Manifestation des Shiva. S. 25

Prajapati – eine der Schöpfergottheiten aus der vedischen Tradition des Alten Indien. S. 31

Purusha – Person, Diener, Generation, Seele, Weltgeist; mythologisch ein menschenähnliches Ur-Wesen; in hinduistischer Philosophie auch die individuelle Seele im Bezug zum materiellen Körper. S. 29f

Rakastal – See in West-Tibet; nur durch eine schmale Landenge vom heiligen See Manasarovar getrennt. S. 12, 14, 16f

Rishabha – der erste Tirthamkara in der Tradition des Jainismus; erlangte am Kailash die Allwissenheit. S. 12, 48

Sadhana – der Bereich von Meditation und Philosophie innerhalb des hinduistischen Systems. S. 36

Samkhya – wörtl. *„zählen"*; von Kapila Muni um 600 v. Chr. begründetes philosophisches System, das die Prinzipien der kosmischen Evolution durch rationale Analyse aufzählt. S. 38

Samsara – der Kreislauf von Geburt und Tod, der unkontrolliert und zwangsweise durch die Geistesgifte (die Kleshas) zustande kommt. S. 57f, 60f, 93

Sarasvati – 1. die weibliche Komponente des hinduistischen Schöpfergottes Brahma; 2. ein legendärer heiliger Strom der Hindus; 3. weiblicher Bodhisattva; zu 1.: S. 31; zu 2.: S. 35; zu 3.: S. 85

Shakya – das Heimatland des Buddha; südlich der heutigen Städte Bhairavan und Sounoli in Nepal. S. 57f

Shambhala – legendäres Königreich, das in einigen alten tibetischen Reiseführern nördlich von Tibet beschrieben wird; nach der Tradition des Mahayana (vgl.) liegt Sh. im Norden des Kontinents Jambudvipa (vgl.); Hauptstadt ist Kalapa. S. 17, 70ff

Shenrab – der Stifter der systematisierten Bön-Religion; Lebensdaten umstritten. S. 12f, 104f, 112

Shiva – eine der Hauptgottheiten des Hinduismus; die bedeutenste Götterkonzeption im asiatischen Raum; mehrere Funktionen, z. B. als Yogi oder Zerstörer des Universums. S. 12, 17ff, 31ff

Shri Lakshmi – die Gemahlin Vishnus. S. 33

Shunyata – die metaphysische Leerheit in der buddhistischen Philosophie; besagt, saß alle Erscheinungen nicht inhärent existieren. S. 61f, 68

Siddhartha Gautama – der bürgerliche Name des Buddha S. 57f

Sita – legendärer Strom nördlich von Tibet. S. 17, 73

Skandhas – jene Aggregate, die nach der buddhistischen Lehre die empirische Person ausmachen; es sind Körper, Gefühle, Unterscheidung, Gestaltungskräfte und Bewußtsein. S. 60f

Stupa – buddhistisches Monument. S. 7f, 81

Theravada – alte Schule und Mönchsorden des Buddhismus; in Shri Lanka und im südost-asiatischen Raum verbreitet. S. 63, 79

Thri Ten Norbu Tse – in den achtziger Jahren gegründetes Kloster der Bön-Religion nordwestlich von Kathmandu. S. 118f

Tirthamkara – die Heilskünder im Jainismus; nach der jainistischen Tradition sind in diesem Weltalter insgesamt 24 Tirthamkaras aufgetreten. S. 20, 42, 44, 48f, 52f, 55f

Uma – Gemahlin Shivas in ihrer Funktion als Geliebte. S. 25, 34

Utsarpini – in der Lehre des Jainismus die aufsteigende Weltperiode innerhalb eines Weltzeitalters; Lebensdauer und Körpergröße der

Menschen nehmen ständig zu bis zu einem Kulminationspunkt, von dem an die Avasapini, d. h. die absteigende Weltperiode, beginnt. S. 47

Vajradhara **–** mystischer Ur-Buddha, der die Meditationsgottheiten und Meditations-Buddhas emaniert. S. 18, 88

Vajrayana **–** wörtl. *„Diamantfahrzeug";* Strömung des Buddhismus etwa ab 500 n. Chr., die sich auf Tantra-Meditation stützt. S. 69, 88, 96, 112f

Varuna **–** alt-indische Gottheit, die mit dem Wasser in Berührung gebracht wird; gilt auch als Hüter der Weltordnung und als Verteidiger der Wahrheit. S. 27

Vishnu **–** eine der Hauptgottheiten des Hinduismus. S. 32f, 34, 39f

Yungdrung Gu Tseg **–** wörtl. *„Neun übereinander getürmte Svastikas"* (Hakenkreuze); legendärer Zentralberg im Land Olmolungring (vgl.). S. 12, 103ff

Yoga **–** im Hinduismus Pfad zur Verbindung mit dem Höchsten; im Buddhismus Methode zur Reinigung von Geistesgiften und Bewußtseinsschleiern. S. 14, 38

Zhang Zhung **–** altes Königreich auf dem westtibetischen Hochland; Hauptstadt: Khyunglung; mystisch-religiöses Zentrum war der Kailash; im 7. Jahrhundert von Zentral-Tibet annektiert. S. 13, 98, 102f, 105f, 114, 116

Anmerkungen

1 nach Acarya Padma im Lopan bKa yi Thang-yig, aus bod ljongs nang bstan (Tibet Buddhism Magazine), 1/1990; S. 12
2 a. a. O.
3 Lama Govinda, Der Weg der weißen Wolken; S. 329
4 Sven Hedin, Transhimalaya, Bd. 2; S. 131
5 a. a. O.; S. 132
6 Govinda, a. a. O.; S. 325
7 bod ljongs nang bstan (Tibet Buddhism Magazine), 1/1990; S. 16f
8 Alberuni's India. An account of the religion, philosophy, literature, geography, astronomy, customs, law und astrology of India about A. D. 1030. Translated and edited by Karl Eduard Sachau. 2 Bde. London 1910
9 J. Mehlig (Hrsg.), Weisheit des alten Indien, Bd. 1; S. 40
10 a. a. O.; S. 53f
11 a. a. O.; S. 131f
12 a. a. O.; S. 183f
13 bei Dr. Jyoti Prasad Jain; Jainism, the oldest living religion; published by Pr. Research Institute, Varanasi
14 so bei H. Hoffmann in Die Religionen Tibets
15 bei E. Bernbaum, Der Weg nach Shambhala; S. 192f
16 hjam mgon sa skya pandita'i bla ma'i rnal hbyor, tibetischer Blockdruck aus dem Kloster Sakya in Süd-Tibet; 1986
17 Hoffmann, a. a. O.; Kap. 1
18 Chökyi Nyima aus gsung bla hgugs tshe hgugs kyi cho ga rin chen srog gis chad mthud, tibetischer Blockdruck; Kathmandu 1990
19 la dvags rgyal rabs, tibetischer Text; Kathmandu 1987; S. 28f
20 nach H. Hoffmann, Quellen zur Geschichte der Bön-Religion; S. 330
21 A. Lommel, Die Welt der frühen Jäger; S. 70
22 a. a. O. bei Anm. 19; S. 29
23 der tibetische Text entnommen aus Hoffmann, Quellen ...
24 bei H. Hoffmann, Symbolik der tibetischen Religionen und des Schamanismus; S. 96f
25 a. a. O.; S. 366ff
26 a. a. O.; S. 335ff
27 Zitate a. a. O.
28 Zitate aus H. Tichy, Himalaya u. M. Taylor, Mythos Tibet

Bildnachweis

Soweit nicht anders angegeben: Archiv Franz Bätz.
Dieter Göhring, S. 90; Wolfgang Link, S. 18, 115; Alfred Woll, S. 85 oben u. unten.
Die Fotos auf S. 82/83, 86/87 u. 95 unten wurden dem Buch von Hans Först, TIBET – *Reiseführer,* erschienen im Weishaupt-Verlag, entnommen.